삽삼(33) 관세음보살님 가피

삽삼(33) 관세음보살님 가피

글 無一 우학 스님

그림(33응신) 山田 선생

한국불교대학 大관음사(유튜브불교대학)

유튜브의 영상을 녹취, 정리하였습니다.

원본 영상은 Youtube

[유튜브불교대학 - 생활법문]에서

다시 볼 수 있습니다.

'삽삼(33) 관세음보살님 가피'를 내며

귀의삼보 하옵고

이렇게 '삽삼(33) 관세음보살님 가피'를 쓸 수 있음에 관세음보살님께 감사 드립니다.

제가 가장 처음 관세음보살님을 친견한 것은 행자 때였습니다. 꿈 속이었습니다. 아직 관세음보살님이 어떤 분인지도 모르던 시절이 었는데, 나중에 공부를 하고 보니 그분이 '관세음보살님'이셨습니다.

오색구름 위를

그분과 같은 법의(法衣)을 입고

그분과 같은 보관(寶冠)을 쓰고

그분의 손을 꼭 쥔 채

어디론가 가고 있었습니다.

새벽 일어났는데, 그 꿈은 참으로 생생하였습니다. 많은 세월이 흘렀어도 그때의 그 꿈은 지금의 현실인 듯, 아직도 저의 몸과 마음에 또렷이 남아 있습니다. 정말이지 대단한 관세음보살님의 가피였습니다. 지치고 힘들 때 관세음보살님은 언제나 지켜주셨고, 좋은 일의 회향으로 기쁠 때 관세음보살님은 언제나 웃어주셨습니다.

우리 절의 이름이 '大관음사'라고 지어진 것도, 이미 수억 겁 세월의 깊은 인연임에 틀림없습니다. 한국불교대학 大관음사 모든 도량에는 관세음보살님이 모셔져 있는데, 이곳 감포도량 산중절에만도 15분의 관세음보살님이 계십니다. 제가 관세음보살님을 늘 예찬하고 좋아하다 보니, 특별한 관세음보살님들이 도량 여기저기에 많이 나투셨습니다.

이번에 유튜브불교대학 생활법문을 통해서 삽삼 관세음보살님에 대해 소개를 한 것도 결코 우연이 아니라고 생각합니다. 삽삼, 서른세 분의 관세음보살님은 두 부류입니다.

첫째는 '모습'의 관세음보살님이고,
둘째는 '역할'의 관세음보살님입니다.

이 책에서 구체적으로 말씀드리는 삽삼 관세음보살님은 '역할의 관세음보살님'입니다. 그리고 같이 수록되어 있는 그림은 고(故) 山田 선생의 귀중한 유품입니다. 후일 진품을 보실 기회가 있을 것입니다.

불자 여러분, 이 '삽삼 관세음보살님 가피' 책을 통해서 신심을 일으키시고, 큰 가피 입으시길 기도 축원 드립니다.

노파심에 말씀드리면, 정초 기도를 너무 산만하게 하시면 안 됩니다. 그저 언제 어느 때고 '관세음보살'만 외우시면 됩니다. 왜 그런가는 본문에서 잘 설명해 두었습니다.

저는 관세음보살님의 크나큰 가피로 현재 모든 불사를 기적처럼 완성하였습니다. 관세음보살님은 온갖 역할과 원력으로 우리 중생들과 함께 하십니다. 그러한 표현이 '삼삼(33) 관세음보살'입니다. 삼삼(33)은 '무지 많은 수'의 개념이므로, 관세음보살님은 본래로 모자람 없이 완벽하신 분입니다. 매일 관세음보살을 외우시고, 매일 관세음보살을 쓰신다면, 이 글을 읽으시는 불자님도 '관세음보살님 가피의 주인공'이 될 수 있습니다.

관·세·음·보·살, 이 다섯 자 안에 모든 성취 내용이 다 들어있습니다. 이 다섯 자의 신통을 믿고 절대 물러나지만 않는다면, 대각大覺을 이룰 수도 있습니다. 이 책을 정독하시면 관·세·음·보·살 이 다섯 자, 신통의 자성불自性佛이 될 수 있는 힌트가 있습니다. 정진을 기대합니다.

관세음보살 관세음보살 관세음보살

무일선원 무문관

無一 우학

33 관음, 한 줄 요약

1. 양류 관세음보살(楊柳觀音)

　- 손에 버들가지를 들고 계시는 부처님.

　- 병의 고통을 쓸어내려주시는 관세음보살님.

2. 지경 관세음보살(持經觀音)

　- 손에 문서 두루마리, 책을 들고 계시는 부처님.

　- 문서 잡게 해 주시는, 합격시켜주시는 관세음보살님.

3. 용두 관세음보살(龍頭觀音)

　- 용 머리를 타고 오시는 부처님.

　- 신장을 부리시는 관세음보살님으로, 꿈자리가 시끄럽거나 마
　　장이 많은 사람들을 지켜주시는 관세음보살님.

4. 원광 관세음보살(圓光觀音)

　- 두렷한 빛(지혜의 빛, 자비의 빛)으로 나투시는 관세음보살님.

5. 백의 관세음보살(白衣觀音)

- 흰옷을 입고 계시는 부처님.

- 우리의 마음을 맑게 해 주시는 관세음보살님.

6. 수월 관세음보살(水月觀音)

- 가장 화려하고 기품 있는 부처님.

- 천강유수 천강월(千江流水 千江月)이라,

　모든 중생들의 마음 마음마다 다 찾아오시는 관세음보살님.

7. 지련 관세음보살(持蓮觀音)

- 연꽃을 쥐고 계시는 부처님.

- 연꽃의 덕성을 나타내시는 관세음보살님.

8. 일엽 관세음보살(一葉觀音)

- 잎사귀 하나를 타고 물을 건너시는 부처님.

- 중생이 위험에 처해 있을 때면, 잎사귀 하나를 타고서라도 오시는 관세음보살님.

9. 능정 관세음보살(能靜觀音)

- 싸움판, 삶의 격랑, 갑작스러운 악천후 등의 상황에서 능히 고

요해지게 해 주시는 관세음보살님.

10. 시약 관세음보살(施藥觀音)

- 약을 베풀어주시는 관세음보살님.

11. 연명 관세음보살(延命觀音)

- 육체의 수명, 정신적 수명을 모두 연장해 주시는 관세음보살
  님.

  [※ 단명(短命) 등 '육체적 수명' 이 곤란할 때, 시기 질투 등으로
  인해 명예가 곤경에 빠져 '정신적 수명' 이 곤란할 때]

12. 합리 관세음보살(蛤蜊觀音)

- 모든 경사스러운 일을 끌어당기시는 관세음보살님.

13. 아마제 관세음보살(阿摩提觀音)

- 두려움을 없애주시는 부처님.
- 공황장애, 강박장애 등 불안장애를 없애주시는 관세음보살님.

  [※ '아마제' 란 인도 언어인 '아베티(Abhetri)' 에서 온 것으로,
  '두려움 없음' 이라는 뜻입니다.]

14. 중보 관세음보살(衆寶觀音)
   - 중생들에게 갖가지 보물, 재물을 끌어다 주시는 관세음보살님.
   [※ 중생들의 물질적 소원을 다 들어주십니다. 단, 이때 중생의
   그 소원은 반드시 순수하고 소박해야 합니다.]

15. 유희 관세음보살(遊戲觀音)
   - '행복'의 이름으로 오시는 관세음보살님으로, 행복을 주시는
   부처님
   - 특히, 우울증 등을 치료해 주시는 관세음보살님.

16. 쇄수 관세음보살(灑水觀音)
   - 중생들의 업장(業障)을 소멸시켜 주시고, 삼재(三災)를 소멸시
   켜 주시는 관세음보살님.
   [※ '쇄수'란 '물을 붓는다', '물을 뿌린다'는 뜻으로, '중생의
   몸을 깨끗하게 해 주심'의 의미를 지닙니다.]

17. 덕왕 관세음보살(德王觀音)
   - 중생들에게 아무 조건 없이 무한대로 덕을 베푸시는 관세음보
   살님.

18. 다라존(다라) 관세음보살(多羅尊觀音)

- 건너게 해 주시는 부처님, 깨닫게 하시는 관세음보살님.
- 미혹의 세계에서 '깨달음의 세계'로, 사바세계에서 '불국정
  토'로 건네주시는 관세음보살님.

[※ '다라(多羅)'란, '건넴'이라는 뜻입니다.]

19. 마랑부 관세음보살(馬郞婦觀音)

- 무한한 아름다움 즉, 내면의 아름다움, 진정한 美(미)를 주시는
  관세음보살님.

20. 암호 관세음보살(岩戶觀音)

- 동굴 속 관세음보살님으로, 깜깜한 동굴에서 빛을 주시는 부처
  님.
- 어둡고 긴 인생의 터널에서 삶이 지치고 힘든 중생들에게 빛을
  주시는 관세음보살님.

21. 합장 관세음보살(合掌觀音)

- 연화대 위에서 합장한 채, 세상을 따뜻이 응시하시는 부처님.
- 성취하고, 공경 받고, 화합케 하시는 관세음보살님.

22. 보비 관세음보살(普悲觀音)

- 주로 그늘지고 외로운 곳에 서 계시는 부처님.
- 한없이 중생을 연민하고 가엾게 여기시어, 도움을 주시는 관세음보살님.

23. 일여 관세음보살(一如觀音)

- 한결같으신 부처님.
- 불치병(不治病)을 치유하는 능력을 갖추신 관세음보살님.
  [※ 추호의 의심 없이, 한결같이 하면, 고질적 병마는 물러가고 완전한 자유와 행복을 누릴 수 있습니다.]

24. 아뇩 관세음보살(阿耨觀音)

- 중생들로 하여금, 마주하는 상황 앞에서 최고의 지혜가 발동하도록 해 주시는 관세음보살님.

25. 불이 관세음보살(不二觀音)

- 중생들에게 '부처님과 내가 둘이 아님' 을 가르치시는 관세음보살님.

26. 유리 관세음보살(瑠璃觀音)

- 온 법체(法體)가 유리 보석으로 되어 있는 부처님. 또는 유리 보석으로 된 물병 모양, 또는 향로 모양의 지물(持物)을 갖고 계신 부처님.
- 숭고하고도 깨끗한 인품(人品)을 가지게 해 주시는 관세음보살님.

27. 엽의 관세음보살(葉衣觀音)

- 잎사귀 옷을 입고 계신 부처님.
- 삶의 올바른 방향을 제시해 주시는 관세음보살님.

28. 청경 관세음보살(靑頸觀音)

- 자살 충동을 극복시켜 주시는 관세음보살님.
- 목이 푸른 부처님으로, 중생을 대신해 독약을 마시어 목이 푸르게 되셨다고 한다.

  [※ 독약 중 가장 나쁜 독약은 스스로의 목숨을 해치는 '자살' 입니다.]

29. 육시 관세음보살(六時觀音)

- 24시간, 언제나 항상 중생과 함께 하시는 관세음보살님.

30. 연와 관세음보살(蓮臥觀音)

- 불면증, 만성 두통을 치료해 주시는 관세음보살님.
- 모로 누워계시는 형상이 원칙이나, 연밭, 연지 주변에 계시는 부처님은 모두 '연와 관세음보살' 이다.

31. 낭견 관세음보살(瀧見觀音)

- 극락세계로 인도해 주시는 관세음보살님.

32. 어람 관세음보살(魚籃觀音)

- 생명력의 근원으로 계시는 부처님.
- 모든 생명체들을 살려주시는 관세음보살님.

33. 위덕 관세음보살(威德觀音)

- 시자시위(施慈施威)라, 위엄 있는 모습으로 중생들을 제도하시는 관세음보살님.

양류관음
楊柳觀音

병의 고통을 쓸어내려 주시는 관세음보살님

관세음보살…

유튜브불교대학 시청자 여러분 반갑습니다.

오늘은 우리들이 흔히 만나게 되는, '33, 서른세 가지 관세음보살님' 가운데서, '양류관음(楊柳觀音)'에 대해서 말씀을 드리도록 하겠습니다. 제가 이 '33관세음보살님'을 한 분, 한 분, 차례로 설명을 드릴 테니까, 빠뜨리지 말고 꼭 좀 잘 들으시길 바랍니다.

우리 불교에서는 '삼십삼(33)'이라는 숫자를 많이 얘기합니다. 이는 『법화경(法華經)』, 「관세음보살보문품(觀世音菩薩普門品)」에서 말씀하시는, '관세음보살 33응신(應身)'에서 비롯된 점이 많습니다.

후일에 「관세음보살보문품」에서 말하는 33신(身), 33응신(應身)에 대해서 자세히 또 설명을 드리겠습니다. 오늘은, 또 다른 내용으로 알려져 있는 33응신, 33응신도(應身圖)에 대해 설명을 드리고자 합니다.

관세음보살님은 당신의 능력, 힘을 구체적으로 나타내기 위해서, 같은 관세음보살님 모습을 하면서도, 가지고 있는 물건, 입고 있는 옷, 자세 등을 달리하는 수가 많습니다.

그 전체 종류로 '서른세 가지 몸', '33응신'으로 얘기하고 있으나, 사실 불교에서 이 '33'은 **무한수(無限數)**를 의미합니다.

따라서, '관세음보살님은 무한 능력, 무한 방편을 가지고 우리 중생들에게 무한 가피를 내리신다' 이렇게 보면 됩니다.

그런데 우리 중생들은 꼭 손에 뭘 쥐어 주듯이 해야 직성이 풀리는 면이 있으므로, 우리의 선각자들은, 아주 사실적으로 관세음보살의 서른세 가지 몸 즉, '33응신'을 얘기해 왔고, 그것을 그림으로 그리기도 하였습니다.

저희 한국불교대학大관음사 즉, 한국불교대학 유튜브불교대학의 대구큰절 곳곳에 '33응신도(應身圖)'가 모셔져 있으니, 오실 때 좀 잘 살펴보시길 바랍니다. 이미 작고하셨습니다마는 '산전(山田) 선생'이라고 하는 유명한 분께서 그리신 그런 '33응신도'도 있고요. 또 우리 박소연 불모가 그린 것도 있습니다.

산전 선생이 그린 '33응신도'는, 이렇게 책이라고 해야 할까요? 책처럼 이렇게 크게 해서, 모든 분들이 환희심을 내도록 만들어 놨습니다. 이 책자에 대해서는 이따가 더 설명을 드리겠습니다.

오늘은 그 '33응신도' 가운데서 **첫 번째, 양류관음(楊柳觀音), 양류관음도**에 대해서 말씀을 드리도록 하겠습니다.

우리 불자들은 관세음보살의 형상을 하고 있으면서, **손에 나뭇가지를 들고 있는 모습**을 보셨을 것입니다. 잘 생각이 나지 않는 분들은, 앞쪽에 산전 선생이 그린 양류관음 그림을 다시 한번 보시길 바랍니다. 그 나뭇가지가, 바로 '양류' 즉, 버들가지, 버드나무 가지입니다. 그렇다면, 이 **버들가지, 양류**는 무엇을 의미할까요? 우리 인간들이 늘 겪고 있는 병고(病苦), **'병의 고통을 쓸어내려 준다'는 뜻**을 갖고 있습니다.

살아있는 존재가 가장 힘든 경우는 '아플 때' 입니다. 그것이 육체적이든 정신적이든 다 그렇습니다. 우리 관세음보살님은 중생들이 가장 힘들어하는, 현실적인 문제를 해결해 주시는데, 그중에서 병의 고통으로부터 해탈, 해방시켜 주신다는 것입니다.

따라서 양류관음, 버들가지를 잡으신 관세음보살님은 **'병의 치유 능력을 형상화했다.'** 이렇게 볼 수 있습니다. 그러한 입장에서 관세음보살님은 **'약왕보살(藥王菩薩)'**의 역할을 하고 있습니다. 그러므로 몸과 마음이 아픈 사람들은 관세음보살님을 부지런히 부르면, 다 나을 수 있습니다.

우리가 전생의 업, 현생의 과거 업 때문에 병을 얻었을지라도, 관세음보살님을 부지런히 염송하면 반드시 나을 수 있는 것이, 관세음보살님은 본래로 치유 능력을 가지고 계시기 때문입니다.

저는 근력 운동을 할 때나 걷기 운동을 할 때, 늘 관세음보살 정근을 틀어놓고 속으로 같이 합니다. 허리, 어깨, 위장 등 가끔 질병이 찾아왔지만, 저는 저의 관음 기도 소신과 또 신체 훈련으로 자연 치유 해 왔습니다.

그렇다면, '맨 처음 어떻게 양류 관세음보살님이 출현하셨는가?'에 대해서 좀 말씀드리겠습니다. 이는, 『청관세음보살소복독해다라니주경(請觀世音菩薩消伏毒害陀羅尼呪經)』에 나오는 말씀입니다.

인도 바이샬리에 전염병이 돌았는데, 아주 속수무책이었습니다. 바이샬리 백성들은 다 불자들이었기 때문에, 부처님께 기도하기로 마음을 모으고는 부처님의 또 다른 이름인 '관세음보살'을 부르기로 하였습니다. 우리 불자들은 '부처님'과 '관세음보살'을 절대 둘로 보면 안 됩니다＊.

아무튼 바이샬리 백성들이 열심히 관세음보살 기도를 하였더니, 어느 날인가부터 관세음보살을 닮은 여인이 나타났습니다. 그 여인은 한 손에는 버들가지를 잡고, 또 한 손에는 감로수 정병을 들고 다니면서 구석구석 물을 뿌렸습니다. 입으로는 '진언'을 외웠습니다.

＊참고
 (1) 2020. 05. 26. 《생활법문》〈부처님과 관세음보살은 다른 분인가요?〉
 (2) 2020. 07. 30. 《생활법문》〈부처님 이름이 많은 이유〉

그런데 무슨 일인지, 그 뒤로 전염병이 싹 사라졌습니다.

이후로, 바이샬리 사람들은 버들가지 즉, 양류와 감로수의 정병을 든 관세음보살님을 조성하여 모셨다고 합니다. 그리고 관세음보살님 닮은 여인이 외웠다는 '진언'도 외우기 시작했다고 합니다.

그 진언을 〈양류수 진언(楊柳樹 眞言)〉이라고 하는데, 다음과 같습니다. '옴 소싯지 가리바리 다남타 독다예 바아라 바아라 반다 하나 하나 훔 바탁.'

좀 어렵지요? 이 진언이 마음에 드는 분들은 뭐 이것을 외우셔도 좋습니다만, 일반적으로는 관세음보살님 정근만 해도, '관세음보살, 관세음보살, 관세음보살…', 이 관세음보살 정근만 해도 이런 진언의 힘이 그 속에 다 갖추어져 있습니다.

마지막으로, 양류관음의 지물(持物)인 '버들가지'에 대해서 좀 정리해 보겠습니다.

버들가지에는 살리실산 성분이 다량 들어있어서, 19세기 독일 바이엘(Bayer AG) 제약회사에서 해열, 진통, 소염에 효과가 많은 아스피린을 처음 만들 때, 버드나무껍질을 사용했다고 합니다. 그리고 『동의보감(東醫寶鑑)』에도, '버들가지와 그 껍질 등에는 진통 효과가 있다.'라고 나와 있습니다.

그런데 그 옛날 2500년 전에 버드나무에 그런 성분이 있는 줄을 어떻게 알아서, 그 버드나무가 관세음보살님의 지물로 사용된 것에 새삼 놀라지 않을 수가 없습니다. 또 버드나무, 버들가지는 벽사(辟邪)의 의미가 있습니다. 즉, '버드나무 가지는 나쁜 기운을 물리친다.'라는 속설이 있었답니다. 이는, 정신적인 병을 퇴치한다는 의미입니다.

우리는 지금 형체가 33가지로 다른 관세음보살님 즉, 33체(體) 관세음보살님 가운데 양류, 버들가지를 지니신 관세음보살님에 대해서 살펴보고 있습니다.

몸이나 마음이 매우 안 좋은 분들이 계신다면, 관세음보살님이 버들가지로 내 머리와 어깨 등 가슴을 쓸어내려 주는, 심상(心想)적 기도를 해 보십시오. 그것이 아주 큰 효과가 있습니다. 즉, 관세음보살을 외우면서, 관세음보살님이 버들가지로 내 병을 쓸어내리는 것을 상상하라는 것입니다. 내 마음이 아주 지극하면, 꼭 됩니다.

나의 본성은 원래 관세음보살입니다. 내가 관세음보살을 지극정성 외우면, 나의 본성이 극대화되면서, 주 기운으로 계시는 관세음보살님과 합일(合一)됩니다. 그러면, 병은 소멸됩니다. '양류 관세음보살의 가피(加被)'입니다. 관세음보살님을 많이 외우십시오.

지극정성, 관세음보살을 외우십시오.

마지막으로 아까 제가 그 유명한 산전 선생님이 그리신 '33응신도'에 대해서 말씀을 드렸는데, 그 '33응신도'를 이렇게 책으로 만들었다고 했습니다. 이미 십여 년 전에 우리 출판사에서 이걸 만들었었는데, 이게 지금 한 300여 권 남아있습니다.

혹시, 감포도량에 직접 오셔서 "10명 이상, 내가 유튜브불교대학 구독시켰습니다." 하시면, 양심적으로 "구독자 포교 10명 했습니다." 그렇게 얘기하시면, 이 책을 하나 선물로 드리도록 하겠습니다.

그러면 33관세음보살 응신, 응신도에 대해서 설명을 드릴 때도 이걸 같이 보면서 하면 좋겠지요.

조금 늦더라도, '나도 10명, 구독자 포교해서 나도 저 선물 받아야겠다.' 하는 분들은 좀 열심히 해 보시길 바랍니다. 선착순으로 한 300명 정도, 드리도록 하겠습니다.(※ 법문 당시에는 300여 권이 남아있었으나, 현재 모두 소진되었습니다.)

다음번에는 '33체(體) 관세음보살, 두 번째 시간'을 또 만들어 보겠습니다.

기대하시고, 내일 다시 뵙겠습니다. 관세음보살….

지경관음
持 經 觀 音

문서 잡게 해 주시는, 합격시켜 주시는 관세음보살님

관세음보살…

유튜브불교대학 시청자 여러분 반갑습니다.

우리 유튜브불교대학은 공부와 수행 채널(Channel)입니다. 진정으로 공부하고, 진정으로 수행하고자 하는 분들은, 우리 유튜브불교대학을 의지하시길 바랍니다. 분명, 큰 성취가 있으리라고 봅니다.

오늘은 '33관세음보살, 두 번째 시간'입니다. '문서 잡게 해 주시는 지경(持經) 관세음보살님', '합격시켜 주시는 관세음보살님'이란 주제로 말씀을 드리겠습니다.

본론에 들어가기에 앞서, 먼저 상식적인 것을 하나 말씀드리겠습니다. 우리가 흔히 '불보살(佛菩薩)님'이라고 말할 때가 있는데, 이 '佛菩薩(불보살)'은, 부처님(佛)과 보살님(菩薩)을 통칭해서 부르는 이름입니다.

그렇다면 **대승불교에서 말하는 이 '부처님'과 '보살님'의 격이 서로 다른가?** 하는 점입니다. **결코, 격이 다르지 않습니다.**

'관세음보살', '지장보살', '문수보살', '보현보살'이라 하면, 이는 좀 더 인간화된 부처님의 화신(化身)입니다. 결국은, 다 부처님들입니다. 또, 『법화경(法華經)』에서 말하는 '관음보살(觀音菩薩) 33응신(應身)' 가운데는 '부처님(佛身)' 도 들어있습니다. 이 말인즉 '관세음보살' 이 '부처님' 이라는 말입니다.

우리 불자들의 상당수가 부처님들과 보살님들이 격이 다르다는 오류에 빠져있습니다. 정말 심각한 문제가 아닐 수 없습니다.

관세음보살은, '대성자모(大聖慈母) 관세음보살(觀世音菩薩)' 입니다. 즉, '크게 성스러운 자비의 어머니 관세음보살' 이지요. 그러니까 우리 부처님을 '어머니' 처럼 부를 수 있는 이름이 '관세음보살' 이지, '관세음보살이 나중에 성불한다.' 라는 개념에서 '보살' 이라는 명칭이 붙은 것이 아닙니다.

관세음보살이 곧 부처님입니다. '육바라밀(六波羅蜜)을 잘 실천 수행하는 대승 수행자' 를 의미하는, 그 '보살' 개념과는 전혀 다릅니다. 시중에 보면, 관세음보살은 '성불 전 단계' 라고 기술한 책들이 있는데, 그것은 순 엉터리입니다.

다시 말씀드립니다. 관세음보살님은 자신을 부르는 세상의 음성을 마치 세속의 '어머니' 처럼 들으시고, 자비를 드리우시는 부처님입니다. 그러므로 우리 중생은 그저 갓난아기처럼 순수하게 "관세음보살, 관세음보살, 관세음보살…." 하고, 간절하게 부르면 됩니다.

그렇게 하기만 하면, 관세음보살님은 자신의 이름을 부르는 소리를 듣고, 어머니처럼 달려오셔서, 모든 고민과 문제를 해결해 주십니다.

특히, 관세음보살님이 문서 관계 즉, 시험, 합격, 학업 성취 등에 신경 쓰시고 살펴주실 때가 있는데, 그때 불리는 이름이 '지경 관세음보살(持經 觀世音菩薩)' 입니다.

'경(經), 책을 지니고 계신 관세음보살' 이라는 뜻입니다. 이 '관세음보살님' 을 줄여서 '관음보살' 이라고도 합니다. 그래서 '지경 관세음보살', '지경 관음보살' 입니다.

그런데 우리가 별도로 '지경 관세음보살' 이라고 외울 필요는 없습니다. 무슨 말인지 이해가 되지요? "지경 관세음보살, 지경 관세음보살…" 이렇게 하지 않아도 되고, **그저 "관세음보살, 관세음보살, 관세음보살…" 외우면**, 당연히 '지경 관세음보살님' 이 포함됩니다.

이 '지경 관세음보살님' 과 관련된 재미난 얘기가 하나 있어, 지금부터 제가 그 이야기를 좀 들려 드리겠습니다.

옛날에 '전료(錢蓼)' 라는 한 선비가 있었습니다. 그는 열심히 책을 보면서 과거 시험에 대비한 공부를 하였지만, 번번이 낙방에 낙방을 거듭하였습니다. 그렇지만 절대 포기하지 않고 계속해 갔습니다.

어느 해였습니다. 그 해도 정말 열심히 공부하였지만, 또 낙방이었습니다. 상실감이 이만저만이 아니었습니다. 설상가상으로, 시골 고향으로 돌아오는 길에 엄청난 폭우를 만났습니다.

급하게 비를 피할 곳을 찾던 선비가 바로 근방에 낡고 작은 암자 하나를 발견하게 됩니다. 선비는 급히 암자의 처마 밑으로 뛰어들었는데, 마침 암자는 텅 비어 있어서 비 피하기에 부담이 없었습니다.

선비는 전생에 불교와 인연이 있었던지, 법당 안으로 들어가고 싶은 마음이 생겼습니다. 그래서 법당문을 열고 들어갔더니, 선비를 맞이한 부처님은 '두루마리 경전(經典)'을 들고 계시는 '지경 관세음보살'이었습니다.

선비는 갑자기 무슨 영감이 떠올랐는지, 젖은 몸으로 관세음보살 앞에 무수히 절을 해대었습니다. 얼마나 시간이 지났을까? 내리던 비도 그치고, 젖었던 옷도 절하느라 다 말랐습니다.

선비는 관세음보살님과 마지막 눈을 맞추면서, 가히 알 수 없는 어떤 큰 느낌을 받았습니다. 우리들이 지극정성한 마음이 있으면, 설령 조성해 놓은 부처님이라도 온몸 짜릿한 교감을 할 수가 있는데, 바로 이런 경우입니다.

선비는 무슨 일인가 법당에 절하기 전에는 세상 살맛이 나지 않고 죽고 싶은 마음뿐이었는데, 법당을 나와 절을 떠나려 할 즈음에는 가히 알 수 없는 힘과 용기가 생겼습니다. 그래서 집으로 돌아가는 발걸음이 아주 가벼워졌습니다.

집에 돌아온 선비는 공부에 권태감이 일어나면, 비를 피하면서 절을 했던 관세음보살을 생각하면서 고비 고비마다 마음의 재충전을 했습니다. 선비의 학문은 깊어졌고, 얼마지않아 장원급제로 과거에 합격하였습니다.

선비는 축하 인사를 받는 일은 뒷전이고, 자기에게 힘을 준, 암자를 가장 먼저 찾아갑니다. 그리고 준비한 공양물을 정성껏 올리고 이번에는 감사의 절을 무수히 올렸습니다. 그는 공직에 있으면서 가피 입었던 암자를 말끔히 수리하였습니다. 그리고 평생 관세음보살을 잊지 않고, 기도하고 살았습니다.

『관세음보살 영험록』에 나오는 이야기입니다.

요즘은 시험이 많습니다. 대입 수능 시험, 취직 시험, 승진 시험, 학력 고사, 각종 고시, 자격 시험, 뭐 또 각종 학교 시험 등 헤아릴 수가 없는 시험들이 있습니다. 이런 시험들이 있으면, 아무리 강심장이라도 그 중압감이 대단합니다. 그럴 때는, 공부에 전념하면서 동시에, '지경 관세음보살 기도'를 해 보기를 권해 드립니다. 문서를 잡게 하고, 합격을 보장하는 이 '지경(持經) 관세음보살님' 기도를 해 보십시오.

앞에서도 잠시 언급했듯이, 별도로 '지경 관세음보살' 그렇게 부르지 않고, 그저 "관세음보살, 관세음보살…." 하고 외우면 됩니다. 당사자가 직접 하는 것이 가장 좋지만, 직접 하기가 힘들면 부모나 조부모, 형제들이 대신해 주되, 적어도 당사자는 하루 시작과 끝 시간에 명상하듯이 관세음보살님을 단 3분 만이라도 꼭 외우게 해야 합니다. 절대 그 공덕이 헛되지 않을 것입니다.

기도할 때는 염주를 들고 하는 것이 좋고, 유튜브 틀어놓고 같이 하면 훨씬 좋습니다. 또 소리내기가 불편하면, 관세음보살을 한 자 한 자 쓰는 사경도 아주 좋다는 말씀을 드립니다.
잡념이 좀 있는 분들은, 절을 하면서 하셔도 되고요. 또〔빠른 관세음보살 정근〕, 우리 유튜브불교대학에 올려져 있습니다. 빠른 템포(Tempo)의 관세음보살 정근을 들으면서 하시면, 잡념을 많이

제어할 수 있습니다.

관세음보살에 대한 기도는, 우리들에게 '할 수 있다.' 는 긍정적
인 마음을 줍니다. 지극한 마음으로 이 관세음보살 기도를 꼭 좀 하
시길 바랍니다

한편, 혹시 지경 관세음보살님을 친견해 보지 못하신 분은, 한
국불교대학 유튜브불교대학 大觀音寺, 大觀音寺의 가장 Center(중
심)이자 모체(母體)인 대구큰절, 대구큰절의 5층, 〖적멸보궁〗 오시
면 친견할 수 있습니다. 아주 특별한 관세음보살, 지경 관세음보살
입니다.

5층 〖적멸보궁〗에 모셔진 지경 관세음보살님은, '도명화' 라는
도예 전문가이자 불모(佛母)께서 아주 정성을 들여서 조성한 부처
님입니다.

그리고 또, 제가 포교상으로 드린다고 한 달력처럼 생긴 33관세
음보살을 모신 달력형 책이 있는데, 그 책 속에 지경 관세음보살님
이 잘 모셔져 있습니다.

제가 저번에 말씀드렸지요? 10명 이상 포교하신 분 중에서, 상
(賞)을 드립니다. 감포도량에 직접 오셔서 "내가 10명 이상 포교했

대구큰절 대웅전 5층
적멸보궁 지경관음
(햇불 관세음보살)

습니다." 하면, 그 양심을 믿고 33관세음보살님이 들어있는 달력형 책을 한 권 드리겠습니다.(※ 법문 당시에는 300여 권이 남아있었으나, 현재 모두 소진되었습니다.)

주위에 좀 포교 좀 많이 하시고, 33관세음보살님, 이 귀중한 산전(山田) 선생의 작품을 좀 받아보시길 바랍니다.

늘 건강하시고, 내일 다시 뵙겠습니다. 관세음보살….

용두관음
龍頭觀音
신장을 부리시는 관세음보살님

관세음보살…

유튜브불교대학 시청자 여러분 반갑습니다.

오늘은 '신장(神將)＊을 부리는 신통(神通)의 부처님', '용두(龍頭) 관세음보살님'에 대해서 말씀을 드리겠습니다.

관세음보살 33체(體), 33관세음보살님 응신(應身) 가운데 '용을 탄 관세음보살님', '용두 관세음보살님'이 계십니다. 그래서 오늘은 '용두 관세음보살님(龍頭觀音)', '용(龍)'에 대한 말씀을 구체적으로 좀 드리겠습니다.

우리 불교에서는, '용(龍)'을 신장의 한 종류로 봅니다. 신장이란, 부처님을 비롯하여 불(佛)제자들을 지키고 보호하는 역할을 하는 존재들입니다. 다 아시다시피, 여기에는 '팔부신장(八部神將)'이라 해서 '여덟 종류의 신장'이 대표적입니다.

＊참고 : '신장'에 대해 여러 차례 자세히 법문해 주신 바가 있으니, 참고하시길 바랍니다.
　(1) 2020. 03. 24.《생활법문》〈화엄성중(華嚴聖衆), 신장이 지켜준다.〉
　(2) 2020. 06. 19.《생활법문》〈초하루 기도는 꼭 동참하십시오.〉
　(3) 2020. 11. 12.《생활법문》〈신중단의 상식〉
　(4) 2020. 11. 13.《생활법문》〈담당 공무원을 잘 알아야 해결된다.〉
　(5) 2021. 08. 12.《생활법문》〈신중기도 때 왜 「화엄경 약찬게」를 외우는가?〉

'팔부신장'은 '천(天), 용(龍), 야차(夜叉), 건달바(乾闥婆), 아수라(阿修羅), 가루라(迦樓羅), 긴나라(緊那羅), 마후라가(摩睺羅迦)'이지요? 그 밖에도 '39위 신장', 또 더 나아가서 '104위 신장'까지 있다고 제가 여러 차례 말씀을 드린 바가 있습니다.

　이 많은 신장 중에서도, 우리가 가장 가까이 대하고 있는 신장이 바로 '용'이 아닌가 생각합니다.

　우리 석가모니 부처님께서 룸비니 동산에 강탄(降誕)하실 때, 가라 용신과 울가라 용신이 아기 부처님을 목욕시켰다는 그런 설화도 있고요. 또 어떤 경(經)에서는, 아홉 마리의 용이 나타나 물을 뿜으면서 아기 부처님을 씻겨드렸다 하여, '구룡토수(九龍吐水)'라는 말도 있습니다*.

　그렇다면, 이러한 용의 머리를 탄 관세음보살님, '용두관음(龍頭觀音)'은 어떤 의미가 있는 것일까요? 이 용두 관세음보살님은 '신장을 부린다'는 뜻을 가지고 있습니다.

　신장들은 관세음보살님의 뜻에 의해 움직이면서, 관세음보살님에게 접근하려는 사악한 무리들을 제압하고 내쫓습니다. 또, 관세음보살님 명호를 열심히 부르며 살아가는 우리 불제자, 인간들을

---

*참고
　2020. 09. 10.《생활법문》〈불교와 용은 어떤 관계?〉

47

감포도량 산중절에 계신
용두관음
(지용해탈 관세음보살)

위해서도, 용 등의 신장들이 힘을 발휘하여 지켜줍니다.

그러므로 '관세음보살님만 부지런히 불러도, 관세음보살님이 거느리는 신장들은 한 꾸러미, 한 가족이 되어 불자들을 지키고 보호한다.' 이렇게 생각하시면 됩니다. 오직 관세음보살님만 부르면, 신장님의 도움을 받고 보호를 받는 것이니, 이 얼마나 다행한 일인지 모릅니다.

그런데, 이 용두관음의 모습을 직접 본 적이 있으신지요? 가장 리얼(Real)하고 완벽한 용두관음을 보시려면, 제가 기거하고 있는 무일선원의 마당, 룸비니 동산에 오십시오. 여기 오시면, 아주 특별한 용두관음을 친견할 수 있습니다. 바로, 〈지용해탈 관세음보살〉이십니다.

이는 바닷속에서 응고된 현무암 돌에 조성된 것으로, 구름 위를 노니는 용이 있고, 관세음보살님이 그 용 머리를 탄 것 같이 조성되어 있는데, 아주 특별합니다. 이 관세음보살님은 2016년 3월에 익명의 불자가 저의 천일 무문관 정진 회향을 축하한다면서 마당에 내려주고 간 것으로, 그 미술적 가치도 아주 높다고 전문가들은 말하고 있습니다.

저의 천일 무문관 정진은 정말 힘들었습니다. 제가 무사히 회향할 수 있었던 것은 부처님 가피(加被)는 말할 것도 없고, 용 같은 신장들의 가호(加護)가 있었기에 가능했으리라고 생각됩니다.

저는 특히, 이 '용'과는 인연이 깊었습니다. 중·고등학교 다닐 때부터 비룡(飛龍), 날고 있는 용을 그리는 것을 즐겼습니다. 후일 출가한 이후 공부를 해 보니, 용은 신장이었습니다. 이 또한 일찍이 제가 용과 인연이 깊었음을 시사하는 바라고 생각이 됩니다. 그래서 저는 열두 띠, 십이지(十二支)로 '용띠 해'가 돌아오면, 붓글씨로

'용'을 쓰는 듯 그리는 듯해서 신도님들께 나눠드리곤 했습니다.

또, '용'은 이곳 무일선원과도 인연이 매우 깊습니다. 작년(※ 불기 2564년, 서기 2020년)에 세운 일주문 기둥에는 황룡과 청룡의 두 마리 용이 그려져 있고요. 골짜기 저 안쪽에는 '용담(龍潭)'이라는 못이 또 있습니다.

그리고 매월 음력 보름마다 방생했던 해변에는 '용바위'가 있어서 그 위에 관세음보살님을 모시고 행사를 했습니다. 이는, 그대로 용두 관세음보살이 되고, 용두 관세음보살님 앞에서 방생을 하게 되는 그런 모양새입니다. 코로나가 물러가면, 이 방생 행사를 다시금 재개(再開)하겠습니다.

한편, 일반 사찰에도 '용'과 관계되는 이름이 아주 많습니다. '구룡사', '청룡사', '황룡사' 이런 절들이 있지요. 또 『화엄경(華嚴經)』, 그 유명한 『화엄경』을 '용궁에서 가져왔다.' 는 설도 있습니다.

『법화경(法華經)』에서는 많은 종류의 생명체들이 부처님 법문을 듣는 청중으로 등장하는데, 이때 용은 신통력을 지닌 다른 여러 신장들과 함께, '불교를 믿는 이들을 수호하겠다.' 고 다짐을 합니다.

즉, 용은 '불교의 수호신' 인 것입니다. 가끔 어떤 절에 보면 〖용왕당(龍王堂)〗이 있는 것을 볼 수 있습니다. 여기에 있는 용도 '독립적인 거처에 머무르면서 절을 지킨다.' 는 의미가 큽니다.

그리고 용은 '사대천왕(四大天王)', 사대천왕 들어보셨지요? 그 가운데서도 남방(南方)의 '증장천왕(增長天王)', 남방의 증장천왕의 권속으로도 나타납니다.

사천왕*문을 지나면서 유심히 보십시오. 또는, 각 절 안에 더러 사천왕 그림이 걸려 있는 것을 보게 되는데, 그때 한번 유심히 보십시오. 사천왕 가운데 '증장천왕' 이라는 천왕이 손에 용을 쥐고 있

---

*참고
2020. 08. 13.《생활법문》〈사천왕(四天王)의 모습과 역할〉

는 것을 볼 수가 있습니다.

또, 용은 상단(上壇)에 계신 부처님을 보호하는 '천개(天蓋)' 즉, '하늘 덮개'로써, 상단을 장식하는 데 쓰이기도 합니다.

이를 가장 쉽게 볼 수 있는 곳이 어디냐? 바로, 저희 한국불교대학 유튜브불교대학 大관음사 대구큰절 [4층 법당]입니다. 대구큰절 4층법당에는 '백의청정 관세음보살님'이 모셔져 있는데, 관세음보살님이 모셔진 그 위로, 두 마리의 용이 날고 있는 것을 볼 수가 있습니다.

특별히 또 중요한 용의 역할은, 관세음보살의 협시(脇侍, 夾侍) 즉, 옆에 모시는 존재로도 나타난다는 것입니다. 용은 남순 동자와 함께 관세음보살의 좌우에서 곁을 지키면서, 관세음보살의 명을 받들어 행동합니다. 이 경우에도, 그 의미상 '관세음보살님'은 '용두 관음'으로 간주합니다.

가끔 '관음전(觀音殿)'이나 '관세음보살님 조성해 놓은 곳'들을 보다 보면, 관세음보살님의 좌우로 한쪽은 남순 동자 즉, '동자'의 모습이 있고, 다른 한쪽에는 '용'이 그려져 있는 수가 있는데, 이런 경우 그 관세음보살님을 '용두 관세음보살로 간주한다.' 이 말입니다.

결론입니다.

용두 관세음보살은, 주로 '용을 탄 관세음보살'입니다. 용은 '신장'으로서 불교를 수호하고, 불교를 믿는 불자들을 지켜줍니다. 용이 비록 상상의 동물이기는 하지만, 그러한 역할을 한다고 믿으시면 됩니다.

그런데 '믿음을 단순화하고, 정법 불교를 추구한다.'라는 측면에서, 우리는 그저 관세음보살님만 지극정성 부르면 됩니다. '용', '용왕 대신'을 별도로 부르지 않더라도, 관세음보살님만 부르면, 용은 관세음보살의 협시(脇侍) 존재이자, 관세음보살님께서 부리시는 신장이기 때문에, 용이 해 주는 것을 관세음보살님으로부터 모두 제공받을 수 있습니다.

이해가 되십니까? 더러 보면, 불자들이 "용왕 대신, 용왕 대신…." 그렇게 정근하는 사람들이 있는데, '용왕 대신 정근을 할 필요까지는 없다. 관세음보살님만 부르면, 용의 힘을 다 받을 수 있다.' 그런 말입니다.

그러니까, 꿈이 시끄럽고 마가 자주 끼고 방해꾼이 나타날 때는, 다른 것 다 치우고 그저 관세음보살님을 지극정성 외우십시오. 관세음보살님께서 신장을 부리시므로, '신장들이 다 해결해 준다.' 이겁니다.

정리하자면, '관세음보살님 한 분만 열심히 지극정성 외우면, 관세음보살님께서 신장의 우두머리인 용은 물론이고 그 이하 신장들을 다 부리시어, 그 신장들이 불자들을 다 돕고 다 수호한다' 라는 것입니다. 그러한 믿음을 가지고, 정말 열심히 한번 해 보시기 바랍니다.

이런 면에서 33관세음보살, 33응신 관세음보살님 가운데서도 이 '용두관음' 은 대단히 중요합니다.

다시 말씀드립니다. 용두 관세음보살님은 신장을 부리는 관세음보살이기 때문에 우리 불자들에게는 아주 중요한 관세음보살입니다. 이를 꼭 기억하시고, 늘 '관세음보살' 을 염하는 불자들 되시길 바랍니다.

늘 건강하시고, 내일 또 뵙겠습니다. 관세음보살….

無― 우학 큰스님 친견 법회

우학스님을 가까이서 직접 친견할 수 있는 특별한 법회가 열립니다. 법문도 들을 수 있고, 평소 궁금하던 점들을 물으시면 즉석에서 우학스님의 명쾌한 답변도 들을 수 있습니다. 우학스님과 함께하는 포행 시간 등 다양한 프로그램이 있을 예정이니, 꼭 한번 시간 내어 오셔서 우학스님과의 특별한 추억을 만드시길 바랍니다.

(1) 일시 : 매월 첫째 주 일요일 오후 2시

(2) 장소 : B·U·D 山海 세계명상센터
　　　　 산중절(무일선원) 마당

(3) 자격 : 누구나 동참할 수 있으니,
　　　　 많이들 동참 하시길 바랍니다.

(4) 문의 : 한국불교대학 大관음사
　　　　 대구큰절 (053) 474 - 8228

▶ 감포도량 산중절, 나를 찾는 도량

원광관음
圓 光 觀 音

두렷한 빛으로 나투시는 관세음보살님

관세음보살…

유튜브불교대학 시청자 여러분 반갑습니다.

오늘은 '관세음보살님이 서른세 가지 응신(應身)을 나투신다. 삼십삼(33) 응신(應身)' 그 네 번째 시간으로, '원광(圓光) 관세음보살님' 에 대해서 말씀을 드리려고 합니다. 최대한 쉽게 말씀을 드릴 테니까, 절대 끄지 마시고, 끝까지 잘 들으시길 바랍니다.

'관세음보살' 은 부처님을 '어머니' 처럼 부를 때 부르는 이름입니다. 그래서 '크게 성스러운 자비의 어머니, 대성자모(大聖慈母) 관세음보살' 이렇게 부르지 않습니까? '大聖慈母 觀世音菩薩 (대성자모 관세음보살).'

부처님의 분상에서 보면, 우리 중생은 사실 다 어린아이입니다. 그러므로 어린아이가 어머니를 애타게 찾듯, 중생이 부처님을 애타게 찾기만 하면 되는데, 그것이 곧 '관세음보살 기도' 하는 것이고, 또 "관세음보살, 관세음보살, 관세음보살…." 하면서, 관세음보살님의 그 명호를 외우는 것입니다. 그러한 연유로, **"자식들이 잘 되는 기도로는 '관세음보살 기도' 만 한 것이 없다."** 이렇게 얘기해왔습니다.

제가 지금 다시금 강조하여, "우리가 자식들을 위해서 기도를 하자면, 바로 '어머니' 처럼 오신 그 관세음보살님, '그 관세음보살님 이름 부르는 것이 최선책이다'." 이 말씀을 드립니다. **그러니 아이들을 위해서 자나 깨나 관세음보살 외우시길 바랍니다.** 특히 애들이 잘 때, '어머니 관세음보살' 생각하면서 '관세음보살' 을 외우시길 바랍니다.

본인이 '어머니 관세음보살' 을 생각하면, 본인이 곧, '어머니 관세음보살의 화신(化身)' 일 수도 있습니다. 애들을 위해서 관세음보살 외우시고, 또 밥 먹을 때도 관세음보살 외우시는 등 이렇게 하면, '어머니 관세음보살' 즉, '원광 관세음보살님' 의 가피가 늘 아이들과 함께 할 것입니다. 이해가 되시지요?

자식들의 건강, 자식들의 공부 성취, 자식들의 출세를 바라시거들랑, 그저 '관세음보살님' 을 밤낮 주야로 부르시면 됩니다. 그리하면, 부처님으로서 '어머니 역할' 을 하시는 관세음보살님이 저 하늘의 태양, 달 같은 큰 빛을 발하시면서 우리 중생들에게 다가오십니다. 그 큰 빛을 '원광(圓光)' 이라고 합니다.

다시 한번 읽어보겠습니다. 圓光(원광), '둥글 원(圓)' 자, '빛 광(光)' 자입니다. 보통 '부처님 뒤에 나타나는 빛', 부처님 뒤에 표현해 놓은 그 빛을 다 '圓光(원광)'이라고 합니다.

그리고, 석가모니 부처님께서도 '몸에서 늘 빛이 나셨다.' 했습니다. '32상(相) 80종호(種好)'에 보면, '장광상(丈光相)'이라고 나오지 않습니까? "부처님 몸에서 늘 '한 장(丈)의 빛이 나왔다'." 그랬거든요?

이처럼 부처님, 보살님의 몸에서는 늘 빛이 나옵니다. 그런데, 특별히 관세음보살님의 이 '빛 부분'을 강조해서 나타낼 때, 관세음보살님의 머리와 몸 뒷부분에, 크고 둥글게 원상(圓相)의 빛을 그리고, '원광 관세음보살'이라 이렇게 했던 것입니다. 원광 관세음보살! 이미 작고하신 그 유명한 산전(山田) 선생께서 그리신 '33응신' 중에 '원광 관세음보살' 그림에도 보면 이 '빛', '圓光(원광)'이 아주 선명하게 잘 그려져 있습니다.

그렇다면, 이 원광 관세음보살님께 나타나는 圓光(원광), 즉 '둥근 빛(圓光)'은 무엇을 나타낼까요? 그것은 크게 두 가지 의미가 있으니, 하나는 '지혜(智慧)의 빛'이요, 또 하나는 '자비(慈悲)의 빛'입니다.

'지혜(智慧)'는 본인이 살아가는 데 꼭 필요한 것입니다. 그렇

감포도량 무일선원
룸비니 동산의
자혜 연못

잖아요? 지혜 없으면, 사는 것이 힘들지요. 또 '자비(慈悲)', 자비는 공동체의 행복을 이루는 데 아주 필요한 것입니다. 그런데, 사실 이 '지혜와 자비'는 각각 있는 것이 아니라, 동전의 양면과 같습니다. 즉, '자비와 지혜는 하나요, 한 몸이다' 이 말입니다.

부처님, 관세음보살님은 본래로 지혜로우신 분이고, 본래로 자비로우신 분이지만은, 중생들에게 한 번 더 가르치기 위해서 그러한 빛으로 나투신 것입니다. 따라서, "관세음보살님은 '현명한 어머니 같은 존재'로, '지혜'로써 우리 중생들을 가르치시고, '자비'로써 중생들을 보살펴주신다." 이렇게 보면, 아주 정확합니다. '지혜의 빛, 자비의 빛.' 이해가 되시지요?

제가 기거하고 있는 이 무일선원의 절 마당, 이 마당의 이름을 [룸비니 동산]이라, 이렇게 이름을 붙였는데, 정말 아름답게 잘 가꾼 정원입니다. 오시는 분들이 다들 좋아하십니다. 우리 무일선원에 오시거들랑 **연못**을 좀 잘 한번 보십시오.

이 룸비니 동산에는 두 개의 연못이 있습니다. 하나는 하트(♡) 모양으로 되어 있고, 또 하나는 원(○) 상, 동그란 모양으로 되어 있습니다. 그런데 이 두 연못이, '물길'을 통해서 완전히 하나로 연결되어 있습니다. 그래서, 이 두 연못을 한꺼번에 통칭하여, '자혜(慈

慧) 연못'이라고 합니다. 그러니까, 하트(♡) 모양은 '사랑 자(慈)' 자, '자비'를 나타내고, 원(○) 상, 동그란 모양의 연못은 '지혜'를 나타내므로, '자비, 지혜 이름을 합쳐서 자혜 연못이라 했다.' 이 말입니다.

이곳 B·U·D 세계명상센터에서 이루어지는 명상힐링 캠프 프로그램 중에는, '자혜 연못 주위를 맨발로 걸으며 명상하는 시간'이 있었습니다. 이 코로나가 물러가면, 그런 명상 시간을 또 마련해 보겠습니다.

다시, '빛'에 대해서 좀 더 말씀드리겠습니다.

이 빛과 관련된 부처님이 바로 '비로자나 부처님'입니다. '진리이신 부처님' 즉, '법신불(法身佛)'의 인격화된 이름이 '비로자나불'인데, 이 비로자나 부처님은 '광명변조(光明遍照)' 이렇게 표현합니다. '광명변조'로 번역될 때가 있습니다. '光明遍照(광명변조)'라, '광명(光明) 즉, 빛을 두루 비추는 분'이라는 뜻입니다. 그러므로, '진리의 세계'는 본래 '빛의 세계'입니다.

한편, 관세음보살님은 애당초 영원불멸의 진리를 몸으로 삼으셨기 때문에, 관세음보살님 자체가 곧 비로자나불이십니다. 따라서 우리가 관세음보살님을 지극정성 외우고 찾으면, 진리이신 법신불과 하나가 되는 일이므로, 이루지 못할 일이 없으며, 하는 행위가 다 행복하고 자유로운 것입니다.

이 '관세음보살님'은 '진리이신 부처님 즉, 법신불의 구현체'라고 보면 딱 맞습니다. 따라서 항상 빛을 놓고 있습니다. '항시(恒時) 방광(放光)이라.', 이렇게 믿으셔야 합니다. 그래서 '관세음보살'이라는 말 대신에 옛날에는 이 '빛 광(光)'자를 넣어서, '광(光)세음보살' 이렇게 부르기도 하였습니다. 이해가 되십니까? 光(광), '빛 광(光)'자, '光世音菩薩(광세음보살)'. 이제 이 '원광 관세음보살님'의 의미를 다소 좀 이해하시리라고 봅니다.

다시 정리를 해보겠습니다. 관세음보살님은, 항상 태양처럼, 달처럼 둥근 모양의 빛을 달고 다닙니다. 그 빛을 '원광'이라고 합니다. '중생 세계를 두렷하게 비추는 빛'으로서, 업장 두터운 우리 중생들이 살아감에 있어 꼭 필요한 '생명의 빛'입니다.

제가 만든 한자성어 가운데, '무광불실(無光不實)'이라는 말이 있습니다. 無光不實(무광불실), '빛없으면 열매 맺지 못한다.' 빛을 받지 못해서 열매 맺지 못하는, 무문관 언덕의 '쪽동백나무'를 보고, 제가 만든 말입니다.

일반 식물들이 빛없으면 결실이 없듯이, 우리 중생들이 관세음보살의 빛을 받지 못하면, '성취' 라는 열매를 거둘 수가 없습니다. 우리가 지극정성 외우는 관세음보살 기도를 하면, 관세음보살님은 우리들에게 빛을 비추어주십니다. 바로 지혜의 빛이요, 자비의 빛입니다.

관세음보살님은 늘 이 '빛' 과 함께 움직입니다. 그래서 관세음보살님이 곧 빛이십니다. '광세음보살' 이십니다. 광세음보살, 말씀드렸지요? '빛 광(光)' 자. 광세음보살.

관세음보살님이 내 마음에 오시면, 그 빛을 따라 내 마음은 밝아지고, 내 마음은 평화로워집니다. 관세음보살님이 내 가정에 오시면, 그 빛을 따라 내 가정은 밝아지고, 내 가정은 평화로워집니다. 관세음보살님이 내가 사는 단체나 모임에 오시면, 그 빛을 따라 단체 모임은 밝아지고, 단체 모임은 평화로워집니다.

이제 이 '관세음보살님이 오신다.' 는 의미는 이해가 되지요?

그런데, 관세음보살님을 지극정성 불렀을 때라야 관세음보살님이 오십니다. 관세음보살님이 항상 빛을 비추고 계시지만, 눈 감은 사람에게는 빛을 볼 수 없습니다. 즉, 마음의 눈을 뜰 일입니다.

유튜브불교대학 시청자 여러분, 우리는 행복해야 합니다.

그러려면 '빛' 으로 계신 '원광 관세음보살님', '관세음보살님'을 하시라도 잊지 말고 찾으시길 바랍니다. 관세음보살님은 분명히 '지혜' 도 주시고, '자비' 즉, '사랑' 도 주실 것입니다. "관세음보살, 관세음보살, 관세음보살…." 이렇게 외우시면 됩니다.

또, 제가 오늘 '원광 관세음보살' 이렇게 하니, "원광 관세음보살, 원광 관세음보살, 원광 관세음보살… 이렇게 외워야 됩니까?" 하고 묻는 분이 있을 겁니다. 그렇게는 안 하셔도 됩니다. 그냥 "관

세음보살, 관세음보살, 관세음보살…" 하면, 다 '원광 관세음보살님'을 부르는 일이 됩니다. 이해가 되시지요? 오직, 일심으로 정성껏 '관세음보살' 만 외우시길 바랍니다.

마지막으로, 참고로 한 가지 더 말씀드리면, 이 '원광의 빛 모양' 이 후일 참선하는 집안, 선가(禪家)에서는 원상(圓相), 일원상(一圓相)*으로 발전합니다. 나중에 시간을 내어 이 '일원상' 에 대해, 구체적으로 말씀을 드리도록 하겠습니다.

내일 다시 뵙겠습니다. 관세음보살….

---

*참고 : 실제로 후일에 법문을 해주셨으니, 참고하시기 바랍니다.
　2021. 10. 02. 《생활법문》 〈일원상(一圓相)의 비밀과 공덕〉

백의관음

白衣觀音

우리의 마음을 맑게 해 주시는 관세음보살님

관세음보살…

유튜브불교대학 시청자 여러분 반갑습니다.

오늘 《생활법문》의 주제는 '백의(白衣) 관세음보살'에 대해서
입니다.

우리가 '33응신(應身), 관세음보살'을 지금 살피고 있는데요.
그중에서 오늘은 '청정 진리이신 부처님 가피로다.' 즉, '백의 관세
음보살'에 대해서 말씀을 드리겠습니다.

관세음보살님은 삼십삼(33), 서른세 가지의 몸을 나투십니다.
우리 불자들은 '어떻게 서른세 분의 응신이 되는지' 늘 살펴야 합
니다. 서른세 분의 관세음보살님 응신(33應身), 대단히 중요합니다.
하지만 우리가 늘 관세음보살을 외우고, 또 '서른세 분의 응신이 있
다.' 하면서도, 어떤 분이 있는지를 아는 사람은 많지 않습니다. 그
래서 제가 이 《생활법문》을 통해 한 분, 한 분 설명드리고 있습니다.

오늘은 그 다섯 번째 시간으로 '백의 관세음보살님(白衣觀音)'
에 대해서 말씀드리겠습니다. '백의 관세음보살님'은, '백의(白衣)
즉, 흰옷을 입으신 관세음보살'입니다.

본격적인 법문에 앞서, '백의 관세음보살'이라는 제목으로 제가 직접 노랫말을 쓴 것이 있어 먼저 좀 낭독을 해 드릴 테니 잘 들어보십시오.

「〈찬불가〉

- 백의 관세음보살님 -

- 우학 큰스님 作詩

 하얀 연꽃 닮으신 백의 관세음보살님.
 밝은 광명 빛줄기, 하얀 연꽃으로 오셨네.

 하얀 마음 닮으신 백의 관세음보살님.
 좋아라, 내 가슴 살포시 하얀 마음으로 오셨네.

 하늘은 더욱 맑고, 불자들 합장하니, 대지가 진동하네.
 오호 좋을시고.

 저 바다는 탁 트여서, 타르초 나부끼니, 고기들도 춤을 추네.
 오호 행복할세라.

법문 굴리는 해조음, 갈매기 나래짓.
파도는 밀려와서 내 발을 적시네.

남순 동자 묻는 바 없이 아름답게 물으시니,
관세음의 청정심, 들은 바 없이 듣더라.

큰 가피 환희여, 관세음보살님.
나무 관세음보살….
　」

합창곡으로 쓴 글이라서, 다소 가사가 긴 편입니다. 제가 찬불가 가사를 100곡 정도 지었는데, 그 중 하나입니다. 나중에 기회가 되면, 또 소개해 드리겠습니다.

이 찬불가 「백의 관세음보살님」은, 코로나가 터지기 전까지, 매월 음력 보름이면 방생(放生)하던 바닷가, 거기에 모셨던 백의 관세음보살님을 찬탄한 노래입니다. 〔보름 달빛 법회〕라고 해서, 방생 후에 해변절, 해변힐링마을에서 철야 기도도 하는 행사인데, 코로나가 물러가면 다시 재개(再開)할 생각입니다. 모두 기대를 해 주십시오.

아무튼, 이 백의 관세음보살님은 용바위에 모셔 두었었는데, 두 번이나 파도에 휩쓸려 없어지는 일이 생겼습니다. 그런데 이 백의 관세음보살님이 어디 수중 중생 제도하시느라고 다니셨는지, 한참 안 보이다가 신통하게도 음력 보름이 다 되어 가면, 용바위 근처 물가에 당도해 계셨습니다. 두 번 다 그런 일이 생겼습니다. 참으로 신기하고 불가사의한 백의 관세음보살입니다.

우리가 많은 여러 관세음보살님 중에서 특별히 이렇게 색깔을 지목해서 부르는 것은, 그만한 이유가 또 있습니다.

이 흰 것, 흰옷, '희다'는 것은 '청정(淸淨)'을 의미합니다. 흰옷을 입은 관세음보살을 뵈면, 내 마음이 일시에 깨끗해짐을 느낄 수 있습니다. 내 마음이 곧바로 청정심(淸淨心)이 됩니다. 또, '청정 법신(淸淨 法身) 비로자나불'이런 말 들어보셨지요? 이 '청정 법신'이라는 말이 있듯이, '청정'은 곧 '진리'를 나타냅니다. 그러므로, '내 마음이 청정심이 되었다.'는 것은 곧 '진리의 세계에, 진리에 계합했다.'라는 말과도 통합니다. 그런데 이 관세음보살님은 본래로 진리이시기에, 당연히 흰옷을 입고 계시는 것이 원형(原形)입니다.

따라서, 내가 청정심만 내면 곧바로 관세음보살님 마음이 되고, 곧바로 가피가 쏟아집니다. 내 마음의 청정심, 나의 하얀 마음과 또 관세음보살님의 백의, 하얀 옷, 그리고 청정 그대로이신 진리의 부처님, 이 세 부류는, 사실은 서로 원융(圓融)하며, 결국 하나이며, 결국에 한바탕입니다.

저희 한국불교대학 유튜브불교대학 大관음사의 중심 도량인 대구큰절의 〖4층 법당〗에 모셔진 관세음보살님은 '백의 관세음보살'입니다. 제가 '세상에서 가장 아름다운 부처님'이라고 말씀드릴 정도로, 정말 환희심이 나는 '백의 관세음보살'입니다.

이 방송을 듣는 우리 유튜브불교대학 시청자들께서는 제가 자신 있게 권유해드립니다. **1년에 한 번은 꼭 이 관세음보살님을 친견하십시오.** 그러면 특별한 그 무엇, 청정심 이상의 그 무엇을 얻으실 수가 있을 겁니다. 친견하시면 정말, 한꺼번에 업장이 녹아버릴 듯한 그런 감동이 일어납니다.

이미 작고하신 '신대우 불모(佛母)'께서 무려 3년, 1000일간 정성을 모았고, 또 우리 신도님들이 전체 합심해서, 기도해서 모신 정말 근래에 보기 힘든, 보기 드문 대작(大作)입니다. 지금의 7층짜리 〖대웅전(大雄殿)〗건물을 완성하고 바로 모셨는데, 한 20년 된 것같습니다.

▶ 대구큰절 대웅전 4층 대법당, 백의 관세음보살

그 이후로, 부처님을 모신 이후로, 저희 불교대학은 많은 복지 불사를 이루었고, 또 이서 중 · 고등학교 등 학교 불사를 완성했습니다. 그리고 NGO 등 많은 해외 구호 사업도 펼쳤습니다. 엄청난 발전이, 부처님을, 이 백의 관세음보살님을 모신 기점이었습니다. 저는, '이것이 다 우리 백의 관세음보살님, 관세음보살님의 가피력(加被力)이다.' 이렇게 믿습니다.

제가 이 '백의 관세음보살님을 꼭 모셔야겠다' 는 마음을 낸 것은 20대 중반 도반 스님들과 함께 설악산을 오르면서, 오세암 백의 관세음보살님을 친견하고부터입니다. 이 '오세암 관세음보살' 에 대해서는 '오세 동자' 얘기를 하면서 말씀을 드린 바가 있습니다*.

아무튼, 제가 이 백의 관세음보살님을 착안하게 된 것은 '오세암 관세음보살님을 뵙고부터이다.' 그 말씀을 드립니다.

또, 전혀 다른 얘기입니다. 아주 거창한 백의 관세음보살님이 우리 도량에 한 분 더 모셔져 있습니다. 그분은 제가 기거하고 있는 이곳 무일선원 무문관에 계십니다. 바로 한국불교대학 大관음사 감포도량의 산중절, 해변절 가운데서, 방생지와 붙어 있는 해변절, 해

---

*참고
　2020. 09. 04.《생활법문》〈삼매의 힘은 시 · 공간을 초월한다.〉

변절 1층, 해월 관세음보살입니다. '이상배 불모(佛母)'께서 경주 돌, 경주 불석(沸石)으로 조성한 특별한 백의 관세음보살입니다.

그 외에, 제가 건립한 국내외 10여 개 도량에는 다 관세음보살 님이 모셔져 있습니다. 개금(改金) 관세음보살님, 칠보 개채(七寶 改彩) 관세음보살님 등 그 법체의 색깔이 아주 다양합니다.

법체의 색깔이 다양하다 하지만, 이 또한, 백의 관세음보살님이 그 원 바탕입니다. 흰색이 비록 한 색깔인 것 같지만, 모든 색깔을 다시 창조해냅니다. 그러므로, 세상의 모든 관세음보살님은 다 백의 관세음보살님과 한 분이며, 백의 관세음보살님의 화신(化身)입니다.

어느 관세음보살님을 마주하든지 간에, 우리 시청자들, 불자들 께서는 그 신심을 청정히만 한다면, 진리이시고 어머니이신 백의 관세음보살님과 하나가 되는 것입니다.

제가 백의 관세음보살님을 강조했습니다마는, 개금(改金)한 관세음보살님, 또는 칠보 개채(七寶 改彩)한 관세음보살님을 뵙고, 절대 분별심을 가지시면 안 됩니다. 다 같은 관세음보살이라는 걸 강조해서 말씀드립니다.

"어느 부처님을 뵙든지, 청정한 마음만 가지면, 다 백의 관세음보살님, 모든 관세음보살님과 하나가 된다." 이 말씀을 재삼 드립니다.

마지막으로 백의 관세음보살님과 관계되는 시(詩)가 있어서 한 편 읽어드릴 테니까, 감상해 보시기 바랍니다. 끝에 '나무아미타불'을 함께 외우십시오.

'백의관음무설설(白衣觀音無說說) 하고,
남순 동자불문문(南巡童子不聞聞) 하도다.
나무 아미타불.

병상녹양삼제하(甁上綠楊三際夏) 인데,
암전취죽시방춘(巖前翠竹十方春) 이로다.
나무 아미타불.'

절에 가다 보면, 이 글귀를 많이 만납니다. 주련(柱聯)에서 많이 만납니다. 절 기둥에 쓰여진 글을 '주련 글'이라고 말합니다.
우리 엘리트 불자라면, 이런 정도는 읽으시고, 해석도 할 줄 알아야 합니다.

제가 해석도 좀 해 드리겠습니다. "백의 관세음보살님은 설함 없이 설하시고, 남순 동자는 들음 없이 듣도다. 꽃병에 꽂힌 버들은

항상 여름인데, 바위 앞 푸른 대나무는 온 세상 봄이로다." 여기서
이 '남순 동자'가 '선재 동자' 입니다. 깊이 감상해 보시기 바랍니
다.

오늘 《생활법문》도 아주 중요한 내용이었습니다. 주위에 '구
독' 권선해 주시고, '공유' 해 주시면 감사하겠습니다. '좋아요' 도
눌러 주시고, '댓글' 에도 참여해 주신다면, 부처님 정법을 포교하
는 큰 공덕행이 될 것입니다.

내일 다시 뵙겠습니다. 관세음보살….

『

白衣觀音無說說(백의관음무설설) 하고,
南巡童子不聞聞(남순동자불문문) 하도다.

 - 백의 관세음보살님은 설함 없이 설하시고,
남순 동자는 들음 없이 듣도다.

瓶上綠楊三際夏(병상녹양삼제하) 인데,
巖前翠竹十方春(암전취죽시방춘) 이로다.

- 꽃병에 꽂힌 버들은 항상 여름인데,
바위 앞 푸른 대나무는 온 세상 봄이로다.

』

수 월 관 세 음 보 살
水 月 觀 音

중생들의 마음 마음마다 다 찾아오시는 관세음보살님

6-(1) 수월 관세음보살(水月觀音) 1편

관세음보살…
유튜브불교대학 시청자 여러분 반갑습니다.

금일《생활법문》의 주제는 '가장 화려하고 기품 넘치는 부처님', '수월(水月) 관세음보살' 입니다. '고려 불화(佛畫), 수월 관세음보살님' 은 세상에서 가장 화려하고 기품이 넘치는 부처님입니다. 오늘은 '관세음보살 33응신(應身)' 중에서 이 '수월 관세음보살님(水月觀音)' 에 대해서 말씀드리겠습니다.

스님들이 사시 불공 기도의 그 끝부분에서 축원할 때 가만히 들어보시면, "앙고 시방삼세~" 이렇게 쭉 가다가 "시 사바세계 남섬부주 동양 대한민국~" 그 부분에서, "유튜브불교대학 大관음사 청정지 수월 도량" 이렇게 하는 것을 들어보셨지요? '청정지 수월도량', 여기서 이 '수월 도량' 이라는 말이 안 나옵니까? 정통 사찰이라면 축원할 때, 100%, '수월 도량' 이라는 이 말을 다 넣습니다.

축원할 때 "수월 도량~" 이렇게 하니까, 한번은 기도 끝나고 한 신도님이 오셔서 저에게 말을 붙였습니다. "스님, 여기 우리 절 기도는 하도 수월하게 잘 되니까, '수월 도량' 이라고 하신 게지요?"

그 말에, 제가 웃으면서 "그것참 지혜로운 해석입니다." 이렇게 덕담한 적이 있습니다.

이 수월 도량의 '수월'은 '수중월(水中月)'의 줄임말입니다. 물 가운데 달, 수중월의 줄임말로, '물속의 달'이라는 뜻입니다. 이는 곧, 물이 맑으니 하늘의 달이 그대로 물에 비치는 것을 의미합니다.

따라서 우리가 '수월 도량'을 언급하며 축원을 하는 것은, "모든 경전에서 말하기를, '부처님께서는 화신(化身) 즉, 변화의 몸을 나투셔서 기도하는 도량인 절에 물속의 달 비침처럼 오신다.'라고 하였으니, 우리 절에도 좀 오십시오." 하는, 그런 발원(發願)입니다.

한편, **'천강유수(千江流水) 천강월(千江月)'**이라는 말이 있습니다. "千江流水(천강유수) 千江月(천강월)", 이를 뜻풀이하면, '천 개의 강이 있으니, 천 개의 달이 뜨더라.' 이겁니다. 아주 좋은 말이지요?

千江流水(천강유수) 千江月(천강월). 천 개의 강이 있으니, 천 개의 달이 뜨더라. 이는 곧, '법신(法身)이신 근원(根源) 부처님, 근원 부처님의 구제 원력(救濟 願力)의 화신(化身) 출현'을 나타내는 말입니다.

말이 좀 어렵습니까? 다시 말해, 중생이 원하는 곳이면 두루 웅

하시는 모습을 아주 적절하게 잘 표현한 말이, 바로 '千江流水(천강유수) 千江月(천강월)' 이고, 또 이것의 줄임말이 '水月(수월)' 이라고 봐도 된다는 겁니다.

왜냐하면, '천강유-수(水)' 이지요? '千江有(천강유)- 水(수)' 의 '水(수)'. 또 '천강-월(月)' 이라 했지요? '천강-월(月)' 에서의 그 '月(월)'. 그러니까 각각 그 두 글자를 뽑으면, '水(수) - 月(월)' 이라는 것입니다.

千江流水(천강유수) 千江月(천강월)이라, 이렇게 물에 비친 달처럼, 불자에게 신심(信心)의 축축한 물이 있으면, 부처님은 어디든 오셔서 어려움을 해결해주시고, 행복을 주시고, 가피를 내리시는데, 그때 불리는 이름이 '수월 관세음보살' 입니다. 수월 관세음보살님, 대단히 중요합니다.

특히나, 이 수월 관세음보살님은 '33관세음보살' 응신 중에 특별한 위치를 가지고 있습니다. 그래서 이 수월관음은 우리 국민들, 불자들에게는 고려 불화 가운데 「수월관음도(水月觀音圖)」로 많이 친숙한 이름입니다.

'고려 불화(佛畫), 수월관음도(水月觀音圖).' 이 고려 불화, 수월관음도는 불화의 최고 정수(挺秀)를 보여줍니다. 주로, 기암괴석 위에 반가부좌(半跏趺坐), 반가좌(半跏坐), 또는 유희좌(遊戱坐)라

불리는 편안한 자세로 앉아서, 중생들을 따뜻이 응시하는 모습입니다.

저희 유튜브불교대학 大관음사 해변힐링마을 1층의 관세음보살님이 그렇게 모셔져 있습니다. 나중에 친견할 기회를 한번 만들겠습니다.

우선은, 제가 찍은 이 사진을 좀 잘 한번 보십시오. 바로 이 분이 세계명상센터 해변힐링마을 1층에 모셔져 있는, 수월 관세음보살입니다.

이 수월 관세음보살님의 존재는 『화엄경(華嚴經)』에서 잘 나타나 있습니다. 「화엄경 입법계품(入法界品)」에 보면, 선재 동자가 보타락가산에서 법을 설하시는 수월 관세음보살님을 만나는 장면이 나옵니다.

그 장면은 다음과 같습니다. 다들, 그 장면을 머릿속으로 그려 보시길 바랍니다.

"달이 높이 떠올라 휘영청 밝은 가운데,
수월 관세음보살님께서 물가의 벼랑 위에 앉아서
선재 동자에게 법을 설하십니다.

마침 시간은 한밤중으로,

고요한 바닷물 위에
둥근 보름달이 그대로 비치고 있었습니다.

물 위에 뜬 관세음보살님,
바로 수월 관세음보살입니다."

즉, '바위 위의 수월 관세음보살님' 이 '물 위의 수월 관세음보살님' 을 연출해 내고 있는 것입니다. 이해가 되시지요?

이와 관련하여, 제 얘기를 좀 해 드리겠습니다.

20대 중반쯤, 선방 첫 철 해제를 하고 만행 중이었습니다. 언양 석남사에 도착하여 점심 공양을 하고, 산길을 따라 청도 운문사로 향했습니다.

길은 아주 험했습니다. 산판(山坂)을 하느라, 아름드리 소나무들이 흩어져 있었습니다. 이 산판이라 해서, 소나무를 벌목하는 그런 작업이 예전에는 많았습니다. 아무튼, 산판을 하느라고 길이 많이 좀 혼돈스러웠습니다.

장애물이 많아서, 운문사에 도착하기도 전에 밤이 오고 말았습니다. 물론 혼자 가는 길이었습니다. 하지만 해제(※안거 해제일은 음력 보름, 15일로, 보름달이 뜹니다.)를 한 지 며칠 지나지 않았기 때문에, 다행히 달빛이 아주 좋았습니다. 혼자 뚜벅뚜벅 걷는데, 달은 천리만리 따라올 것만 같았습니다.

드디어 운문사 객실에 여장을 푸는데, 그때 운문사의 지객(知客) 스님들이 아주 친절하게 잘 해줘서, 지친 피로가 일시에 사라지는 듯했습니다. 당시 학장이자 주지이셨던, 명성(明星) 큰스님의 덕(德)과 능력을 객(客) 스님을 맞이하는 지객 스님으로 충분히 느낄 수가 있었습니다. 명성 큰스님은 지금도 살아계십니다. 명성 큰스님은 정말 지금도 비구니 스님의 교육 영역에서는, 이름 그대로, '밝을 명(明)' 자, '별 성(星)' 자, 밝은 별 중의 밝은 별입니다.

아무튼, 저는 객실에 걸망을 두고, 손발도 좀 씻을 겸 계곡에 나갔습니다. 물은 잔잔하게 계곡 웅덩이를 채웠습니다. 그때, 잠잠한 그 물 위에 환한 달이 비쳤습니다. 머리를 들어 하늘을 쳐다보니, 운문사까지 오는 길을 밝혀주던 그 고마운 달이 내가 발을 담근 물 위에 또 나타났습니다. 참으로 환희심이 일어났습니다. 수월 관세음보살이었습니다.

오늘의 본 주제인 수월 관세음보살님은 중생 각자가 다 지니고 있는 '불성(佛性)', '본각(本覺)', '참나'를 나타내기도 합니다. 수월 관세음보살은, 佛性(불성), 本覺(본각), 참나를 나타내는 말입니다. 말이 좀 어렵습니까?

내 마음이 지극히 청정해지면, 저절로 내 마음에 밝은 달 하나 뜨니, 그것이 곧 수월 관세음보살입니다. 따라서, 이때 나타나는 수월 관세음보살님이 우리 스스로를 둥근 달 모양처럼 풍요롭게 합니다. 그리고, 이때 나타나는 수월 관세음보살님이 우리 스스로를 밝은 달빛처럼 지혜롭게 합니다.

제가 쓴 시(詩) 한 수로 다시 좀 정리를 하겠습니다.

시를 먼저 읽어보겠습니다.

"나에게 마음 달 하나 있으니,
세상 어디에도 걸림 없어라.

무문관 안에서도 비추어 밝고,
밖을 나갈 때는 만 리에 이르더라."

우리 무일선원에 오시면, 금강문(金剛門), 또는 불이문(不二門)에도 이 글이 붙어 있습니다.

한문 게송으로 제가 다시 한번 읊어보겠습니다.

"아유일심월(我有一心月) 하노니,
세상무애처(世上無碍處) 하니라.
나무아미타불.

폐문내조명(閉門內照明) 하노니,
출시지만리(出時至萬理) 로다.

나무아미타불."

"나에게 마음 달 하나 있으니, 세상 어디에도 걸림 없어라.
무문관 안에서도 비추어 밝고, 밖을 나갈 때는 만 리에 이르더
라."

깊이 음미해 보시길 바랍니다.
오늘의 결론입니다.

수월 관세음보살님은, 중생이 관세음보살님을 간절히 불렀을
때, 그 수많은 사람의 마음 마음마다 다 찾아오시는 관세음보살의
모습입니다. 이는 마치 천 개의 강이 있어, 그 물이 맑고 고요하면
천 개의 강마다 달이 온전히 비침과 같습니다. 관세음보살님을 부
르는 일은 절대 헛되지 않습니다.

본래의 관세음보살님은 하늘에 떠 있는 달처럼 진리 그대로 계
십니다. 맑은 강에 달이 뜨듯이, 불자가 관세음보살님을 지극정성
불러 그 마음의 강이 청정해지면, 관세음보살님은 반드시 찾아오십
니다. 수월 관세음보살님으로 나투십니다. 그러한 믿음을 가지고
열심히 정진하시길 바랍니다.

오늘 법문 주제인 이 '수월 관세음보살님' 아주 중요합니다. 그런데 시간 관계상, 못다 한 얘기가 좀 있습니다. 그건 내일 더 연결해서 말씀을 드리도록 하겠습니다.

'千江有水(천강유수) 千江月(천강월), 수월 관세음보살님.' 대단히 중요한 내용이었습니다. 주위에 '공유' 해 주시면 감사하겠습니다. '좋아요' 도 눌러 주시고, '댓글' 에도 참여해 주시면, 부처님 정법(正法)을 포교하는 큰 공덕행이 될 것입니다.

내일 다시 뵙겠습니다. 관세음보살….

『

我有一心月(아유일심월) - 나에게 마음 달 하나 있으니,
世上無碍處(세상무애처) - 세상 어디에도 걸림 없어라.

閉門內照明(폐문내조명) - 무문관 안에서도 비추어 밝고,
出時至萬理(출시지만리) - 밖을 나갈 때는 만 리에 이르더라.

- 無一 우학 큰스님 作詩 』

6-(2) 수월 관세음보살(水月觀音) 2편

관세음보살…
유튜브불교대학 시청자 여러분 반갑습니다.

금일《생활법문》의 주제는 어제에 이어서 말씀을 드리겠습니다. 오늘은 '부처님 오신다. 부처님 오신다. 마음마다 부처님 오신다.', '강강수월래' 라는 주제로 말씀을 드리겠습니다.

오늘 법문의 요점부터 정리하고 시작하겠습니다.

부처님께서 천백억 세계에 화신(化身)을 나투시어 중생을 교화하시는 일은, 마치 '하늘의 달' 이 '일천(一千) 강' 에 비치는 것과 같습니다. 그때 불리는 이름이 '수월(水月) 관세음보살' 입니다. 이것이 '천강유수(千江流水) 천강월(千江月)', '월인천강(月印千江)', '강강수월래(江江水月來)', 이와 같은 말들로 멋있게 표현되었습니다. 이에 대해, 지금부터 구체적으로 설명을 드리겠습니다.

다 아시다시피, 우리 전통민요, 민속놀이에는 '강강수월래' 라는 것이 있습니다. 그러나 '왜 강강술래, 또는 강강수월래 인가?' 라고 하는, 그 어원(語原)에 대해선 아직도 분명히 밝혀진 것이 없습니다.

어떤 사람들은 '강', '강할 강(强)', 뒤에 '강' 자는 '오랑캐 강 (羌)', '물 수(水)', '넘을 월(越)', '올 래(來)'. 이렇게 해서, '강한 오랑캐가 물을 건너온다' 라는 뜻이라고 주장합니다. 그리고 남도 사투리에서는 '강' 이 '영역' 이라는 뜻으로 쓰입니다. 그래서 이 '강강술래' 를 " '강', '영역' 을 '술래', '잘 지켜라' ." 이렇게 해서, '영역을 잘 지켜라.' 라고 해석, 주장하는 이들도 있습니다.

그런데 제가 봤을 때는, 둘 다 설득력이 약합니다. 특히, 전자의 설명에서 '강한 오랑캐' 라 하여, 뒤에 '羌(강)' 자를 '오랑캐 강 (羌)' 이라 했지만, 사실 옛날 사람들은 주로 '티베트 쪽' 을 나타낼 때 이 '강(羌)' 자를 썼던 것 같습니다. 그러니 남도 지방 사람들이 주로 불렀던 '강강수월래' 의 의미도 맞지 않는 거지요?

한편, 이 강강수월래는 그 '뜻' 도 좀 모호하지만, '언제부터 시작되었는지' 도 분명치 않습니다. 제가 문화재청의 공식 자료를 찾아보았지만, 거기에도 언제부터 시작되었는지, 또 뜻이 무엇인지 분명치 않았습니다. 자료들 모두 짐작, 추측하는 것이며, 말 그대로 '설' 이었습니다.

그러한 추측들을 다 종합해 보면, 강강술래는 원래 농민들이 5

월, 10월 축제로 벌이는 집단 농무(農舞)인데, 임진왜란 때 충무공 이순신이 '의병술(疑兵術)'로, 이 강강술래를 이용했다는 것입니다. 이는 많이 알려진 설(說)로, 당시 왜군에 비해 턱없이 수가 모자라고 열악했던 우리 군사들의 상황에서, 충무공 이순신이 계책을 짜내었으니, '우리 병사가 수(數) 적으로 많아 보이게 하기 위해서, 여인네들을 해안 산자락에 모아 남장을 시킨 뒤, 강강술래 놀이를 했다.', 이겁니다.

어쨌든, 이 강강술래 민요 겸 놀이가 아주 오래된 것은 사실입니다. 그리고 문화재적 가치도 있습니다. 그래서 1966년, 중요 무형문화재로 인정이 되었고, 2009년 유네스코에 인류문화유산으로 등재가 되었습니다. 그런데 저는 '이 강강수월래는 불교에서 비롯된 민요, 민속놀이이다.' 이렇게 봅니다.

전(前) 시간에 말씀드렸던, '천강유수(千江流水) 천강월(千江月)' 생각해 보십시오. '천 개의 강이 있으니 천 개의 달이 뜨더라.' 했습니다. 스님들 새벽 종송(鐘頌) 염불에도, 이 '천강유수 천강월'이라는 말이 나온다고 했습니다. "千江流水(천강유수) 千江月(천강월)" '천 개의 강에 물이 있으니, 천 개의 달이 뜨더라.' 참으로 시(詩) 적이고, 의미도 깊은 표현입니다. 다들 꼭 기억하시길 바랍니다. 千江流水(천강유수) 千江月(천강월).

그리고 우리 부처님의 일대기를 한글로 편찬한 책이 있으니, 바로『석보상절(釋譜詳節)』입니다. 아주 유명한 책입니다. 한글을 지어서 반포한 세종대왕은, 이『석보상절』이 나오자, 그 내용을 보고 환희심이 나서, '부처님에 대한 찬탄의 노래'를 500여 곡 지었습니다. 그것이 바로『월인천강지곡(月印千江之曲)』입니다. 들어보셨지요?『월인천강지곡』. 전문가들은 '우리나라 최초의 찬불가'라고 말합니다.

여기서 이 월인천강(月印千江)이란, '달이 천 개 강에 뜬다.'라는 뜻입니다. 이 '月印(월인)'에서 '印(인)'자는 '도장 인(印)'자 인데, 여기서는 '비친다'는 뜻으로 쓰이고요. 또 '일천 천(千)'자에, 강(江). 즉, '달 월(月)', '비친다'의 뜻을 지닌 '인(印)', '일천 천(千)', '강 강(江)'. 그러니까 '달이 일천 강에 비치더라.' 그 뜻이 이해가 되지요? 저 앞쪽의, '千江流水 千江月(천강유수 천강월)'과도 같은 의미라고 보면 됩니다.

그런데, 강강수월래도 결국은 '千江流水 千江月(천강유수 천강월)', '月印千江(월인천강)'과 같은 맥락의 말입니다. 그 이유에 대해, 지금부터 구체적으로 좀 살펴보겠습니다.

이 강강술래가 '진양조'로 느리게 불릴 때는, '강강수월래'로 발음됩니다. 또 '강강술래' 대신에, 일부로 '강강수월래' 로 말하는 사람들도 있습니다. "강. 강. 수. 월. 래" 한번 보십시오. 먼저, '강강 (江江)' 은, '강' 을 2번이나 표현한 만큼, '많은 강' 을 대변하는 말입니다. '강강' 이지요?

또 '수월래(水月來)' 는 '물 수(水)' 자, '달 월(月)' 자, '올 래 (來)' 자. 이렇게 보면, '물에 달이 온다.', '물에 달이 뜬다.' 라고 쉽게 해석이 됩니다. 그리고, 여기서 이 '수월(水月)' 은 '수월 관세음 보살님의 줄임말' 로 봐야 한다는 게 저의 주장입니다. 이 '수월 관세음보살님' 은 곧 '부처님' 입니다. '화신(化身)의 부처님' 입니다.

그러므로 강강수월래(江江水月來)는, '강마다 수월 관세음보살님 오신다.' 즉, '우리의 마음 강마다 부처님 오신다.' 라는 뜻입니다. "江江水月來(강강수월래), 우리의 마음마다 부처님 오신다."

강강수월래에는, '우리의 마음마다 부처님 오신다.' 이런 의미가 100% 있습니다. 왜냐하면, 이 강강수월래 전래 민요, 민속놀이에는 불교적인 요소와 특징이 있기 때문입니다.

첫째, 주로 보름달 아래 이루어진다는 점, 또 둘째로 손에 손을 맞잡고 둥근 원(圓)을 그리면서 놀이가 시작되고, 또 둥근 원(○)에서 그 놀이가 마무리된다는 점이 바로 그 증거들입니다.

여기서 이 둥근 보름달, 둥근 원은 당연히 불교의 공(空) 사상을 표현합니다. 또, 불교의 핵심 철학인 원만(圓滿), 원융무애(圓融無碍)를 나타냅니다. 그리고, 손에 손을 잡은 것은 '인연(因緣)의 소중함.', 구성원이 모두 연결된 '인드라망 세계'를 나타냅니다.

게다가 불교에서는 날짜 '보름'을 아주 소중히 생각해서, 보름날 법회를 많이 봉행합니다. 그리고 절마다 보름 탑돌이도 정기적으로 하는 수가 많았습니다. 지금도 그렇습니다.

저희 한국불교대학 유튜브불교대학 大관음사에서는 코로나가 터지기 직전까지 해변힐링마을에서 '보름 달빛 방생 법회'를 해 왔습니다. 한번은 강강수월래 놀이도 해 본 적이 있습니다. '해인(海印)'이라는 말이 있듯이, 바닷속에 비친 달을 보면서, 허공에 매달린 달빛 아래 방생(放生)하는 재미를 한번 생각해 보십시오. 정말 그 분위기가 그저 그만입니다.

아무튼 우리 옛 조상들은, 특히 숭유억불(崇儒抑佛)이 극에 달하였던 조선시대 직전까지만 하더라도, 보름날마다 절 마당에 신도들이 모여서 손에 손을 맞잡고 기도 겸 노래를 했습니다. 그래서 신심도 다지고, 스트레스도 해소했습니다.

이 유구한 역사를 지닌 우리 불교는 민족 문화 깊숙이 다방면에 걸쳐서 우리 국민들의 정서를 어루만져 왔습니다. 특히 관세음보살, 여기서 강조하는 수월 관세음보살님과의 관계가 더욱 그러합니다.

江江水月來(강강수월래), 강강마다 수월 관세음보살님 오십니다. 물 맑고 고요한 마음의 강, 천(千)의 마음 강마다 부처님 달이 뜹니다(月印千江, 千江有水 千江月). 우리가 스스로 맑고 고요해지면, 부처님, 수월 관세음보살님이 나타나십니다. 그러기 위해서 우리는 기도하고 참선해야 합니다. "江江水月來(강강수월래), 마음마다 부처님 오신다." 마음마다 부처님 오십니다. 늘 기도, 참선하는 불자들이 다 되시길 바랍니다.

지금까지 살폈듯이, 불교는 우리 민속 문화 구석구석까지 영향을 미치고 있습니다. 모든 우리 불자님들은 이런 데 대한 자부심을 가지셔도 좋습니다. 제가 어제와 오늘에 걸쳐서, 수월 관세음보살님에 대한 말씀을 드렸습니다. 아주 중요한 내용이었습니다.

주위에 '구독' 권선 해 주시고, 주위에 '공유' 해 주시면 감사하겠습니다. '좋아요'도 좀 눌러 주시고, '댓글'에도 참여해 주신다면, 부처님 정법을 포교하는 큰 공덕행이 될 것입니다.

내일 다시 뵙겠습니다. 관세음보살….

지련관음
持 蓮 觀 音

연꽃의 덕성을 나타내시는 관세음보살님

관세음보살…
시청자 여러분 반갑습니다.

 오늘은 '지련(持蓮) 관세음보살', '연꽃을 가지신 관세음보살님'에 대해서 말씀을 드리겠습니다.

 불교에서는 '연꽃'을 불교의 상징 꽃으로 잡습니다. 저는 젊은 시절, 한때는 연꽃 사진을 찍느라고 저 전라도 무안의 백련지(白蓮池)까지 쫓아갈 정도로, 연꽃에 푹 젖은 날들이 있었습니다.
 이 연꽃은, '더러운 곳에 있더라도 항상 깨끗하다.'는 '처염상정(處染常淨)'의 꽃입니다. 또 다른 표현으로는 '진흙 뻘밭에 있으면서 진흙에 물들지 않는다.'는 '어니불염(淤泥不染)', '어니불염'의 꽃입니다. 이는, 우리 중생들이 누구나 다 갖고 있는 '불성(佛性)'을 의미합니다.

 우리들의 부처님 성품, 불성은 아무리 세상이 혼탁하고 살기가 어렵더라도, 각자 내면의 세계에서 고귀함, 그 자체로 존재합니다. '일체중생(一切衆生) 개유불성(皆有佛性)'이라 그랬지요? '일체중생이 다 불성이 있다.'고 말하지 않습니까? 저는 더 줄여서 '나에게 불성이 있다.', '아유불성(我有佛性)'이라는 말을 만들기도 했습니다. 아무튼 연꽃은 첫째로, '처염상정'의 의미가 있습니다.

둘째는, '종자불실(種子不失)'의 꽃입니다. '연 씨 즉, 종자는 절대 그 성품이 없어지지 않는다.'는 뜻입니다.

뉴스에 보면, 옛 실크로드(Silk road)에 있는 천불동 석굴 등지에서 수백 년 전의 연 씨를 발견, 그 씨를 심었더니 움이 터서 연꽃이 피더라는 것입니다. 연 씨는 염주를 만들 정도로 껍질이 아주 단단합니다. 그래서 그 생명력이 거의 무기한으로 보존됩니다. 이 또한 우리의 불성 종자를 의미하는 말이기도 합니다.

'종. 자. 불. 실'이라고 말씀을 드렸지요? 이 연 씨의 종자는 그 성질이 절대 없어지지 않습니다. 그와 같이 우리의 본성 또한, 아무리 오랫동안 중생 놀음을 했다 할지라도, 절대 없어지지 않고 간직되어 있습니다. 이 얼마나 희망적인 얘기입니까?

셋째로, 연꽃은 '화과동시(花果同時)'의 꽃입니다. 이는 불교의 철학을 나타내는 말입니다.

연꽃은 꽃과 열매가 그 성장을 동시에 합니다. 연꽃 필 때 연꽃 봉오리를 헤집어보면, 이미 그 속에 씨방이 여물고 있습니다. 보통 꽃은, 꽃 지고 씨방이 여뭅니다마는, 연꽃은 그렇지 않습니다. 동시에 일이 이루어집니다. 이는 원인과 결과가 동시성(同時性)을 갖는다는 말입니다. 즉, 원인 속에 결과가 이미 있다는 의미입니다. 깊이 사유해 보시길 바랍니다.

우리가 좋은 일을 했다면, 그 선(善)의 과보가 이미 결실을 맺고 있는 것이니, 얼마나 희망적인 말이 됩니까? 아무튼, 연꽃은 화과동시, 애초부터 꽃과 열매가 같이 생겨서 진행이 됩니다.

지금까지 말씀드린 이것을 저는 '연꽃의 3덕(德)'이라고 요약합니다. 즉, 연꽃은 "處染常淨(처염상정)'의 덕이 있고, 연꽃은 '種子不失(종자불실)'의 덕이 있고, 연꽃은 '花果同時(화과동시)'의 덕이 있습니다. 이러한 연꽃을 든 관세음보살님을 33관음(觀音)에서는 '지련 관세음보살(持蓮觀音)'이라고 합니다. '가질 지(持)'자에, '연꽃 연(蓮)'자, 즉 '연꽃을 지니신 관세음보살'입니다.

저는 좀 더 가까이에서 그 덕을 느끼기 위해서, 그리고 365일 사진을 찍기 위해서, 여기저기에 연못 즉, '연지(蓮池)'를 만들었습니다. 대구큰절의 옥불보전 옥상에 만든 연지는 그 자체가 하나의 예술작품입니다. 아기들의 보금자리인 유치원, 어린이집이 있는 건물 옥상에 연꽃 향기 넘실대는 그 분위기를 상상해보십시오. 요즘 말로, 아주 '대박'입니다.

그리고, 감포도량의 경내에도 하트 모양의 '자비(慈悲) 연못'과 동그란 원형(圓形)의 '지혜(智慧) 연못'을 팠습니다. '자비와 지혜는 둘이 아니다.(慈慧不二)' 하여, 두 연못을 물길로 연결하고는, '자혜(慈慧) 연못'이라 이렇게 명명(命名) 하였습니다. 우리 시청자들께서 감포도량 오실 때는 꼭 이 '자혜 연못'을 눈여겨보시기 바랍니다.

그리고 작년과 올해, 또 큼지막한 연못을 만들고 '구품연지(九品蓮池)'라 해서 이름 붙인 곳이 있습니다. 코로나가 종식되면, 아마 내년에는 우리 절 이곳저곳의 연지만 보더라도 볼 것이 많을 것입니다.

유튜브불교대학 시청자 여러분, 무일선원 무문관과 세계명상센터가 있는 이곳 감포도량의 뒷산 이름이 '연대산(蓮臺山)'입니다. 이 연대산은 '연화대산(蓮華臺山)'의 줄임말입니다. '연대(蓮臺) - 연화대(蓮華臺)', 이해가 되지요?

'부처님이 앉아계신 그 자리'가 '蓮華臺(연화대)', '蓮臺(연대)'입니다. 연 씨가 박혀있는 넓은 그곳을 '연화대'라고 하는데, 모든 부처님 상, 불상(佛像)은 연꽃의 연화대 위에 모셔져 있는 경우가 대부분입니다.

왜 부처님이 연화대, 연대 위에 모셔져 있는가? 그것은 이 앞쪽에서 말씀드린, '처염상정'의 의미와 통합니다. 사바세계에 나투신 부처님은 세상이 아무리 혼탁하더라도 그곳에 물들지 않으시고, 고고하게 그 자리를 지키고 계심을 상징합니다.

그런데 이 뒷산을 '연대산', '연화대산'이라고 한 것은, 이 지역의 사람들이 수백 년 전부터 그렇게 불러왔습니다. 이미 우리 절이 이렇게 들어설 것임을 오래전부터 예감, 예정되어 있었음을 나타냅니다. 그러므로 이 '감포도량'이야말로 '복된 도량'이며, '지혜 도량'이며, '성취 도량'인 것입니다.

한편, 부처님께서 영축산 위에서 법문하시다가 말없이 연꽃 한 송이를 들어 올리시니, 다른 제자들은 그 이유를 알지 못했지만, 마하가섭 존자만이 빙그레 웃었더라 하는 얘기가 있습니다. '염화미소(拈華微笑)'라는 말이 생각나지요? 염화미소, 많이 쓰는 말입니다. '꽃을 잡으니 미소 짓더라.', 이 얼마나 시(詩)적이고, 멋있습니까? 지련 관세음보살.

'지련 관세음보살(持蓮觀音), **'연꽃을 드신 관세음보살님을 지련 관세음보살**이라 한다.' 이것이 오늘의 결론입니다. 관세음보살님은 대부분 연꽃을 지니고 계십니다. 연꽃을 지닌 관세음보살님을

無― 우학 큰스님과
함께 하는
연대산 숲길 명상

뵈면, 우리는 미소가 저절로 지어져야 합니다. 지련 관세음보살님을 뵙는 그 순간이 참으로 좋은 인연입니다.

마지막으로 연꽃을 교화, 그 학교 꽃으로 삼고 있는, 연꽃 같은 학생들을 길러내는 이서 중·고등학교를 소개합니다. 이서 중·고등학교는 유튜브불교대학 大관음사에서 운영하는 불교 명문 사학입니다. 유튜브 검색창에 〔이서 중·고등학교〕를 쳐서 꼭 한번 보시길 바랍니다.

오늘 '연꽃'에 대한 말씀을 아주 장황하게 드렸습니다. 불교의 상징 꽃이, 이 '연꽃'입니다. 지련 관세음보살님, 다들 기억해 주시면 좋을 것 같습니다. 주위에 오늘 내용도 좀 '공유' 해 주시고, 주위에 '구독' 포교도 좀 해 주시면 감사하겠습니다.

건강하시고, 내일 다시 뵙겠습니다. 관세음보살….

---

*참고
2020. 09. 06.《생활법문》〈연꽃의 여섯 가지 큰 덕(德)〉

일엽관음
一 葉 觀 音

중생이 위험에 처해 있을 때면,
잎사귀 하나를 타고서라도 오시는 관세음보살님

관세음보살…

유튜브불교대학 시청자 여러분 반갑습니다.

오늘은 33관세음보살님 가운데서 '일엽(一葉) 관세음보살님'에 대해서 말씀을 드리겠습니다.

『벽암록(碧巖錄)』이라고 하는 참선 책, 선서(禪書)가 있습니다. 아주 유명한 책입니다. 『벽암록』. 이 『벽암록』의 자세한 얘기는 후일에 말씀드리기로 하고, 오늘은 『벽암록』100개의 얘기 중에서 첫 번째 얘기를 원문(原文) 그대로 소개해 보겠습니다. 잘 좀 들어보십시오. 재밌습니다.

양나라의 '무제' 라는 황제가 달마대사에게 "무엇이 성스러운 진리의 핵심입니까?" 하고 여쭈었습니다. 이에 달마대사가, "텅 비어서 '성스럽다' 할 것이 없소." 즉, '확연무성(廓然無聖).' 이렇게 대답했습니다.

무제 황제가 다시, "그럼, 짐을 대하고 있는 사람은 누구란 말이요?" 하며 다그쳤습니다. 이에 달마대사는 "모르겠소." 즉, '불식(不識).' 이렇게 대답했습니다. 무제 황제는 달마대사의 말을 알아듣지 못했습니다. 그래서 달마대사는 양자강을 건너, 위나라로 갔습니다.

뒷날, 무제 황제는 이 일을 지공스님에게 물었더니, 지공스님이 되물었습니다. "폐하, 그 사람을 아시겠습니까?" 그러자 무제 황제가 "모르겠던데요."라고 대답했습니다. 이에 지공스님이 말했습니다. "달마대사는 관세음보살의 화신(化身)으로서, 부처님의 마음법을 전하는 분입니다."

무제 황제는 그제서야 달마대사가 큰 스님인 줄을 알고 후회를 하면서, 사신을 보내 달마대사를 청하려 하였습니다. 그러자 지공스님이 말했습니다. "사신을 보내는 일은 그만두십시오. 온 나라 사람이 다 모시러 가더라도 그분은 돌아오지 않을 것입니다."

여기서 『벽암록』 「제1칙」의 얘기는 끝났습니다.

신심이 특출나서 '불심천자(佛心天子)'라고 불렸던 양나라의 무제 즉, 양무제는 처음이자 마지막으로 친견한 달마대사를 알아보지 못했습니다. 양무제는 자신의 근기(根機)가 하열하다는 것을 깨닫지 못하고, 약만 잔뜩 올랐습니다.

그가 진리를 가르쳐달라 하였지만, 스님은 '확연(廓然) 즉, 텅 비어서 가르쳐 줄 것이 없다.'고 했습니다. 그리고 자신을 대하고 있는 사람은 누구인지 물으니, 스님은 '모르겠다.' 라고 해버렸습니다. 천하를 호령하던 양무제는 달마대사의 이러한 답변이 성의가 없어 보였을 뿐만 아니라, 오히려 자신을 아주 우습게 보고 무시한다는 생각을 했습니다.

달마대사가 궁 밖으로 빠져나간 뒤, 무제는 아무리 생각해도 괘씸하였습니다. 생각할수록 분통이 터졌습니다. 몇 시간이 지난 뒤, 도저히 참을 수가 없었던 양무제는 달마대사를 해(害)할 마음으로 군사를 풀어 뒤쫓게 하였습니다.

한편 달마대사께서는 이미, 앞으로 일어날 일들을 미리 다 아시고 '재빨리 양나라의 영역을 벗어나야겠다.' 라는 생각을 하셨습니다. 그래서 최대한 빠른 걸음으로 장강 즉, 양자 강변에 도착하였는데, 양무제가 보낸 군사가 수십 미터(m) 거리를 두고 바짝 접근하였습니다. 달마대사는 잡히면 죽는다는 것을 알았습니다.

이에 달마대사는 그 자리서 신통을 부렸습니다. 갈댓잎 하나를 꺾어 강물에 띄우고는 아주 유유히 그 잎을 타고 북쪽으로 올라가 버렸습니다. 이를, **'절로도강(折蘆渡江)'** 이라 표현합니다.

스님들이 달마대사를 그릴 때, 이 상황을 자주 묘사합니다. 양자강을 달마대사가 갈댓잎을 타고 건너는 장면, 한번 상상해 보십시오. 그 얼마나 멋있는 모습입니까? 장삼 자락을 펄럭이며 유유히 바다같이 넓은 강을 건너가자, 양나라 군사들은 멍하니 서서 바라보고만 있었던 것입니다.

관세음보살 33응신(應身)에 보면, '일엽(一葉) 관세음보살'이 계십니다. 잎 하나를 타고 물을 건너는 관세음보살입니다. 折蘆渡江(절로도강), 갈댓잎 하나를 타고 강을 건너셨으니, 달마대사는 곧, 관세음보살의 모습 그대로입니다. 그래서 양무제의 최측근에 있는 지공스님은 그분을 '관음대사(觀音大師)', 즉 '관세음보살의 화신이십니다.' 라고 한 것입니다.

시청자 여러분, 그렇게 어렵지는 않지요? 관세음보살님은 하나의 잎을 타고 급하게 오실 때가 있습니다. 중생이 급한 일이 생겨 간절히 관세음보살님을 부르면, 관세음보살님은 신통을 부려 곧바로 나타나십니다.

서동파의 누이동생, 소소매의 관음찬(觀音讚)에 보면,

'일엽홍련재해중(一葉紅蓮在海中) 벽파심처현신통(碧波深處現神通)
작야보타관자재(昨夜寶陀觀自在) 금일강부도량중(今日降赴道

場中)'

이런 말이 있습니다.
이는 절 주련에도 많이 쓰여 있는 글인데, 뜻이 이러합니다.

'바닷속 일엽, 한 잎 붉은 연꽃이여.
푸른 파도 깊은 곳에 신통을 나타내도다.

어젯밤 보타산에 계시던 관세음보살님께서,
오늘은 이 도량에 오셨도다.'

관세음보살님은 중생이 위험으로부터 급할 때는 잎을 타고라도 오십니다. 이는 관세음보살님이 신통자재(神通自在) 하시기 때문입니다. 그러한 내용을 위의 소소매 시(詩)가 나타내고 있는 것입니다.

관세음보살 신앙을 직접적으로 가르치고 있는 『법화경(法華經)』의 「관세음보살보문품(觀世音菩薩普門品)」에서는 다음과 같은 구절이 있습니다. "중생이 거친 물에 떠내려가는 위험한 일이 생기더라도, 정신을 차려 관세음보살을 지극정성 부르면, 곧 물 있는 쪽에 이르게 되리라."

우리가 지극정성 관세음보살님을 부르게 되면, 나 자신이 관세음보살의 분신이 됩니다. 그러면 갈댓잎 하나 타고 양자강을 건너는 달마대사처럼, 들이닥치는 군사들의 위험, 생명의 위협으로부터도 벗어날 수 있습니다. 그것을 「관세음보살보문품」에서는, '중생이 거친 물에 떠내려가는 위험한 일이 생기더라도, 정신을 차려 관세음보살을 지극정성 부르면, 곧 뭍 있는 쪽에 이르게 된다.'고 한 것입니다.

불자 여러분, 시청자 여러분, 세상은 정말 예기치 못한 일들이 불쑥불쑥 일어납니다. 거친 물에 떠내려가는 듯한 위험한 일이 늘 있습니다. 그럴 때 절대 낙담하거나 당황하지 말고, 정신을 차려 관세음보살님을 찾으십시오.

그러면 관세음보살님은 위급한 상황인 줄 아시고, 잎 하나 타고 급하게 오십니다. 그렇게 되면 우리는 관세음보살님의 신통(神通)과 가피력(加被力)으로 뭍 있는 곳, 편안한 육지에 올라서게 될 것입니다.

관세음보살 3번 외워보겠습니다.
"관세음보살, 관세음보살, 관세음보살…."

오늘은 '33관음' 중에서 '일엽(一葉) 관세음보살님'에 대해서 말씀을 드렸습니다. 오늘 내용도 아주 중요합니다. 여러 번 다시 들어보시면서, 깊이 사색해 보시길 바랍니다.

그리고 아직 '구독' 안 하신 분들은 '구독 버튼' 눌러주시면 감사하겠습니다. 그리고 주위에 '권선' 해 주시고, '공유' 해 주시면 더욱 감사하겠습니다. '좋아요' 도 눌러주시고, '댓글' 에도 참여해 주시면, 우리가 이 부처님 정법을 포교하는 큰 공덕행이 될 것입니다.

내일 다시 뵙겠습니다. 관세음보살….

＊참고 : 오늘 법문 중에 해 주신 것 이외에도 '달마대사' 와 관련된 재미난 이야기들을 여러 차례 해 주신 바가 있으니, 참고하시길 바랍니다.
(1) 2020. 10. 14.《생활법문》〈달마대사의 영험〉
(2) 2020. 10. 23.《생활법문》〈스님들이 달마대사를 많이 그린 이유〉
(3) 2020. 12. 02.《생활법문》〈달마대사는 왜 험상궂은가?〉

능정관음
能 靜 觀 音

싸움판, 삶의 격랑, 갑작스러운 악천후 등의 상황에서
능히 고요해지게 해 주시는 관세음보살님

관세음보살…

국내외 시청자 여러분 반갑습니다.

오늘 법문 주제는 '능정(能靜) 관세음보살님'에 대한 얘기입니다. '삶의 격한 파도를 넘게 해 주시는 부처님' 이런 제목하에 말씀드리겠습니다.

우리 관세음보살님은 서른세 가지 몸을 나투십니다. 오늘은 그 가운데 능정 관세음보살에 대한 얘기가 되겠습니다.

이미 제가 말씀드린, 양류 관세음보살(楊柳觀音), 용두 관세음보살(龍頭觀音), 지경 관세음보살(持經觀音), 원광 관세음보살(圓光觀音), 백의 관세음보살(白衣觀音), 지련 관세음보살(持蓮觀音), 일엽 관세음보살(一葉觀音), 수월 관세음보살(水月觀音)에 대해서도 꼭 찾아서 들어보시길 바랍니다. 관세음보살 기도를 하는 우리 관음 행자들은 반드시 알아야만 하는, 그런 관세음보살님들입니다. 이런 관세음보살님을 앎으로써 신심(信心)도 생기지마는 교양도 넓어지고, 또 부처님 가피를 입게 됩니다.

그러면 지금부터 오늘의 본론, '능정 관세음보살님'에 대한 이야기를 시작하겠습니다.

이 '능정 관세음보살(能靜觀音)'이라 하면, '능할 능(能)' 자, '고요 정(靜)' 자를 씁니다. 能靜(능정), 이 이름이 말하는 것처럼 '능히 조용하게 하는 관세음보살'입니다.

그러면 무엇을 능히 조용하게 하는가? 여기에는 첫째로 '싸움판을 조용하게 한다.'는 뜻과 둘째는 '삶의 격랑 즉, 삶의 격한 파도를 조용하게 한다.'는 뜻이 같이 있습니다. 그리고 또 셋째는 '바다 위에서 갑작스러운 악천후의 파도를 만났을 때, 안전한 곳에 다다르게 한다.'는 뜻이 포함되어 있습니다.

능정 관세음보살님이 능히 고요하게 한다는 것은, 관세음보살님은 고요하지 않은 중생들이 관세음보살님을 불렀을 때, 능히 고요해지게 한다는 의미입니다. 이러한 예는 무수히 많아서 일일이 다 열거할 수 없을 정도입니다.

먼저 실례를 좀 들어보겠습니다.

'고등학교 1학년짜리 쌍둥이 자매'의 얘기입니다.
이 둘은 쌍둥이로서 서로 아끼며 잘 컸답니다. 그런데 좀 늦게 사춘기가 들면서 사이가 안 좋아졌답니다. 처음에는 한 남자 가수를 두고 말로써 싸움을 하더니, 나중에는 몸을 서로 밀치고 머리카

락을 잡아당기며 크게 싸웠습니다.

　그 어머니 되는 사람이 절에 다녔는데, 한번은 제게 울면서 딸들에 대한 하소연을 하였습니다. 저는 두 딸을 청소년 법회에 꼭 나오게 할 것을 주문했습니다. 두 딸이 첫 법회에 나온 날, 한 4-50명 정도의 학생들이 법회에 동참했습니다. 그런대로 법당을 채웠습니다. 그날 저는 작정하고 '진심(瞋心) 즉, 화내는 마음과 서로 싸우는 것에 대한 과보(果報)'에 대해 제 나름 성의껏 법문을 하였습니다. 법문 중에 유심히 두 아이를 보니, 눈물을 글썽였습니다.

　그날 법문을 요약하자면, 다음과 같습니다. "인간들은 어리석어, 가장 가까이 있는 사람에게 화를 내고, 또 싸워서 서로 원수가 되어 살아가는 수가 많다. 우리 불자들은 관세음보살의 미소를 생각하면서 꼭 관세음보살 이름을 외워야 한다. 그러면 싸움도 하지 않게 되고, 그 집이 늘 평화로울 것이다." 이런 법문이었습니다.

　다행히 두 아이는 제 말에 집중했습니다. 법문 끝에, 그날 저는 전체 청소년 법회 학생들에게 '매일 108번, 관세음보살 사경 하기' 숙제를 내주었습니다. 그리고 그다음 주에 이 쌍둥이 자매가 다 사경 노트를 제출한 것을 보고, 저는 안도하였습니다.

아니나 다를까, 청소년 법회가 파하는 오후에 그들의 어머니 되는 보살님이 남편과 함께 법당을 찾았는데, 딸들이 법회를 나온 이후 이제 싸움도 하지 않고 서로 우애 있게 잘 지낸다며 제게 코가 땅에 닿도록 감사의 인사를 했습니다.

아무튼, 이 쌍둥이 딸들은 관세음보살님을 매일 한 자 한 자 사경하고, 또 관세음보살님을 외운 덕분에 마음의 고요를 되찾았습니다. 가정 또한 고요를 되찾고 행복하였습니다. 바로 이것이 능정 관세음보살의 가피였던 것입니다.

또 한번은 시어머니 되는 보살님이 '두 며느리 간의 갈등' 때문에 저를 찾아왔습니다.

작은아들이 먼저 장가를 들었는데 며느리가 좀 성질이 별나다고 했습니다. 1년쯤 후에 큰아들이 장가를 들었는데 큰 며느리 또한 자기 위치를 찾으려고 애를 쓴다고 했습니다. 두 며느리가 만나면 투닥거리면서 자기 힘을 과시하려고 하니, 형제 집안 전체에 냉기가 돌았답니다.

저는 감이 잡히는 게 있어서 한국불교대학에 두 며느리를 한 명은 낮 반에, 한 명은 저녁 반에 입학을 시키도록 독려했습니다. 다행히 두 며느리는 시어머니 말을 듣고 불교대학에 다니게 되었습니다. 서로 관계가 머트러우니 오히려 어른들에게 잘 보이려고 했던지, 시어머니 말은 잘 들었던 모양입니다.

불교대학에 다닌 이후 약 6개월이 지났을 때, 시어머니 되는 보살님이 다시 저를 찾아와서 말했습니다. "스님, 정말 감사합니다. 두 며느리가 불교대학에서 공부를 하고는 관계가 아주 좋아졌습니다. 보니, 둘 다가 관세음보살 기도를 하고 있습니다. 며느리 둘 다 본래 불교를 믿는다고는 하였으나, 공부하고 기도한 것은 처음인 것 같았습니다. 관세음보살 기도가 자기들에게 그렇게 잘 맞다고 얘기합니다. 다 스님 덕분입니다."

이렇게 해서, 동서 간의 갈등이 관세음보살님의 가피로 해결되었습니다. 바로, 능정 관세음보살님의 가피였던 것입니다.

지금까지 두 가지 예는, '관세음보살님이 싸움판을 조용하게 한다.'는 것과 관련된 실화였습니다. 둘째는, '능정 관세음보살님은 삶의 격한 파도를 조용하게 한다.' 이런 의미에서 말씀드립니다.

이 세상을 불교에서는 '사바세계(娑婆世界)'라고 합니다. 사바세계란, '격한 파도가 일어나는 고해(苦海)'를 말합니다. 우리 중생들의 삶은 마치 그러한 고해를 건너가는 위험과 고통이 늘 수반됩니다. 그럴 때 필요한 분이 관세음보살입니다.

관세음보살님을 지극정성 부르면, 관세음보살님은 우리의 삶을 힘들게 하는 파도를 잠재워주십니다. 그러한 예 또한 너무너무 많습니다. 후일에 더 말씀을 드리도록 하겠습니다. 불자 여러분, 삶이 힘들고 어려울 때 반드시 관세음보살님을 외우십시오. 능정 관세음보살님의 가피가 쏟아질 것입니다.

셋째는, 능정 관세음보살님은 실제 바다 위에서 악천후의 파도를 만났을 때, 안전한 곳에 이르게 합니다. 보통 능정 관세음보살님을 얘기할 때 보면, 이 세 번째 경우만을 논하는 수가 대부분입니다. 따라서, 여기에 대한 영험담도 엄청 많습니다. 이 부분도 후에 더 말씀을 드리겠습니다. 능정 관세음보살님을 그림으로 그린 경우에도 이 세 번째 경우입니다. 그러나, 사실 깊은 속뜻은 아까 제가 말씀드린 첫 번째, 두 번째라는 것을 강조해서 말씀드립니다.

마지막으로 『법화경(法華經)』, 「관세음보살보문품(觀世音菩薩普門品)」에 나오는 이와 관계되는 법구절(法句節)을 소개하겠습니다. "큰 바다에 빠져서 떠내려갈 제, 용과 큰 고기, 귀신의 난을 만나도, 관세음을 염하는 거룩한 힘은 파도를 잠재워 안온케 하네."

여기 나오는 이 '파도'의 의미를, 제가 오늘 세 가지로 말씀드렸습니다.

아주 오랜만에 제가 한문 게송으로 읊어보고 마치겠습니다.

"혹표류거해(或漂流巨海) 하야 용어제귀난(龍魚諸鬼難)이라도, 나무아미타불.

염피관음력(念彼觀音力)으로 파랑불능몰(波浪不能沒) 하리라. 나무아미타불."

능정 관세음보살님, 우리에게 나타나는 모든 고난, 그런 격한 파도를 다 잠재워주시는 관세음보살님의 이름입니다. 능정 관세음보살님(能靜觀音).

늘 관세음보살님께 의지해서 기도하시면서, 늘 그 마음이 평화롭고, 또 가정이 평화롭고, 모든 일이 다 잘 되시기를 진심으로 기도축원드립니다.

내일 다시 뵙겠습니다. 관세음보살….

『

或漂流巨海(혹표류거해) - 큰 바다에 빠져서 떠내려갈 제,
龍魚諸鬼難(용어제귀난) - 용과 큰 고기, 귀신의 난을 만나도,

念彼觀音力(염피관음력) - 관세음을 염하는 거룩한 힘은
波浪不能沒(파랑불능몰) - 바다를 잠재워 안온케 하네.

- 『법화경(法華經) 관세음보살보문품(觀世音菩薩普門品)』
中에서

』

감포도량
무일선원 무문관

무일선원 무문관 선방 후원회 안내

한국불교대학 유튜브불교대학 大관음사에서는 국내 유일의 〈3
년, 천일 정진 결사 도량〉인, 무일선원 무문관을 운영하고 있습니
다. 많은 스님들이 지금도 완전 폐문(閉門) 한 채, 하루 한 끼, 일종
식(一種食)을 하면서 정진 중입니다. 이렇게 정진하시는 스님들을
후원하는《무일선원 무문관 선방 후원회》가 있습니다.

바르게 수행, 정진하는 스님들을 후원하는 불사에 동참하시는
것은 대단히 큰 공덕이 됩니다. 성의껏 동참하시어, 큰 공덕 지으시
길 바랍니다.

(1) 은행 자동이체로 이루어지며, '1 구좌 당, 월(月) 1만 원' 입
니다. (※구좌 수는 제한 없습니다.)

(2) 문의 : 대구큰절 (053) 474 - 8228
　　　　　무일선원 (054) 753 - 8228

시 약 관 음
施 藥 觀 音

약을 베풀어 주시는 관세음보살님

관세음보살…
국내외 시청자 여러분 반갑습니다.

오늘 이야기는 '온양온천은 관세음보살 가피(加被)로 시작되었다.' 로, 여기에 맞추어서 '시약(施藥) 관세음보살', '약(藥)을 베풀어 주시는 관세음보살' 에 대한 말씀을 좀 드리도록 하겠습니다.

관세음보살님은 천(千)의 손과 천(千)의 눈을 가지신 무소불통(無所不通)의 주인공이십니다. 통하지 않는 바가 없는 그런 분입니다. 그리하여, 중생이 원하는 것은 다 들어주시는 분입니다. 중생으로서 겪는 가장 큰 고통은 신체의 불편함, 몸의 병(病)인데, 관세음보살님은 이런 것까지 다 해결해 주십니다. 지극정성 관세음보살님께 기도해서 몸이 건강해지고, 앓던 병이 사라졌다는 영험담은 예도 지금도 부지기수로 많습니다.

아무튼, 우리 중생들에게 약, 또는 약에 준하는 것을 베풀어주시는 관세음보살님을 '시약(施藥) 관세음' 이라고 부릅니다. '施(시)' 는 '준다', '베푼다' 그런 뜻이 있는 '施(시)' 자입니다. '베풀 시(施)' 자입니다.

관세음보살님께서는 우리 중생들에게 서른세 가지 몸을 나투시는데, 그중 한 분이 '시약 관세음보살'입니다. 시약 관세음보살님이 그림으로 그려질 때는, '중생들에게 무엇을 좀 해 줄까?' 하는 고민의 모습이 대부분입니다. 앞의 산전 선생 그림을 좀 잘 한번 보시길 바랍니다.

지금부터는 시약 관세음보살님과 관계되는 이야기 하나를 해 드리겠습니다.

아득한 옛날, 충청도 땅에 무척이나 가난한 절름발이 노파가 3대 독자인 아들과 함께 살고 있었습니다. 불편한 몸을 이끌고 가난한 살림을 하면서도 노파는 아들을 정성껏 키웠습니다.

어느덧 아들이 혼기(婚期)를 맞게 되자, 하루빨리 손주를 보고 싶은 마음이 간절해진 노파는 매파를 놔서 사방팔방으로 혼처(婚處)를 구했으나, 자리마다 모두 고개를 저었습니다. 가문도 볼 것이 없고 살림도 넉넉지 못한 데다가 시어머니마저 절름발이였기 때문에, 누구도 선뜻 딸을 내주려고 하지 않았습니다. 노파는 자신의 다리를 원망했습니다.

그러한 노파를 측은하게 생각한 중매쟁이는 '좀 모자라는 처녀라도 그냥 며느리로 맞겠다.'는 다짐을 받고는 아랫마을 김 첨지의 집으로 갔습니다. 그 집에는 코찡찡이 딸이 있었기에, 말만 꺼내면 성사가 될 것으로 믿었습니다.

그러나 김 첨지는 다짜고짜 소리부터 질렀습니다. "그런 말을 두 번 다시 입 밖에 내지도 마시오! 원, 아무리 사윗감이 없기로서니 절름발이인 홀시어머니가 있는 집에 어떻게 딸자식을 보내겠소."

중매쟁이는 이렇게 퇴짜를 맞고, 이번엔 황 영감네 집으로 발걸음을 옮겼습니다. 그 집에는 팔 한쪽을 못 쓰는 딸이 있었습니다. 그래서 그 집 딸에게는 노파의 아들이 오히려 과분할 것 같아 자신만만하게 찾아갔습니다.

황 영감이 말했습니다. "가만있자…. 내 딸과 정혼(定婚)을 하자고요?" 한동안 눈을 깜빡이며 뭔가를 골똘히 생각하던 황 영감은 이윽고 고개를 좌우로 흔들었습니다. 중매쟁이가 말했습니다. "아니, 왜? 너무 황송해서 그러시오?" 황 영감이 답변했습니다. "그게 아니라우. 팔을 못 쓰는 내 딸이 그 집으로 들어가면, 그 집엔 장애인들만 모였다고 남들이 얼마나 놀리겠소?"

이리하여 중매쟁이는 그 집에서도 퇴짜를 맞고, 절름발이 노파를 찾아가서 중매할 곳이 없다고 포기 선언을 하였습니다.

절름발이 노파는 부처님께 매달릴 수밖에 없다는 절박한 마음을 갖고, 불편한 다리를 질질 끌며 절을 찾아갔습니다. 그리고 간절히 〈관음 기도〉 올렸습니다. "관세음보살님… 관세음보살님…. 하나뿐인 우리 아들의 짝을 인연 지어 주옵소서. 관세음보살님…."

노파가 온 정성을 다해 기도드리기 100일째 되던 날 밤이었습니다. 피로가 쌓여 깜빡 잠이 든 노파 앞에 관세음보살님이 나타나서 말했습니다. "그대의 정성은 지극하나 순서가 틀렸구려. 그대의 아들이 장가를 못 가는 까닭을 모르고 있지는 않을 터, 아들 장가를 걱정할 게 아니라 자네의 두 발을 고치시오. 나에게 '두 발을 온전히 쓸 수 있게 해 달라.'고 기도하시오."

꿈에서 깬 노파는 예사로운 일이 아니다 싶어, 다시 새로 발원을 하고 〈100일 관음 기도〉를 올렸습니다. "관세음보살님… 관세음보살님…. 제발 이놈의 다리를 고쳐주옵소서. 관세음보살님…." 정말 혼신의 힘을 다해 관세음보살님께 매달렸습니다.

드디어 백일기도 회향 날, 관세음보살님 꿈을 또 꾸었습니다. 관세음보살님께서 말씀하셨습니다. "내가 그대의 기도 정성에 감복(感服)하여, 그대의 소원을 들어주겠노라. 내일 마을 앞 들판에 다리를 절뚝거리는 학 한 마리가 날아와 앉을 것이니, 그 학의 모양을 잘 살펴보라. 그러면 다리를 고칠 수 있는 방법을 알게 될 것이니라."

아니나 다를까 이튿날 저녁 해가 질 무렵, 하얀 학 한 마리가 어디선가 훨훨 날아와 논 한가운데 앉았는데, 꿈속의 관세음보살님이 말했던 것처럼 다리를 절고 있었습니다. 그런데 참 이상하게도 그 학은 앉은 자리 근처를 뱅글뱅글 돌면서 껑충껑충 뛰기만 하였습니다. 노파는 '별 희한한 일도 다 있다.' 고 생각하였습니다.

그렇게 하기로 사흘이 지나자 그 학은 언제 다리를 절었느냐는 듯 두 발로 빠르게 걸어 다니더니, 갑자기 힘껏 땅을 박차고 하늘로 치솟아 올랐습니다. 그 모양을 지켜보던 노파는 '너무나도 신기한 일이라.' 고 생각하며, 급히 학이 뛰면서 맴돌던 논둑으로 절룩거리며 뛰어갔습니다.

아! 이게 무슨 일입니까? 여기 논에서 물이 펄펄 끓고 있었습니다. 기이하게 생각한 노파는 자기 발을 물속에 담가 보았습니다. 정말 뜨거웠습니다. 알 수 없는 예감이 일었습니다. 뜨겁지만, 이 물에 계속 담그면 발이 나을 것 같았습니다.

이를 악물고 담그는 시간을 많이 하려고 애를 쓰고, 또 애를 썼습니다. 그러기를 10일 되던 날, 신통하게도 노파의 절뚝거리던 다리의 병이 씻은 듯이 나았습니다. 노파는 너무나 기뻐 아들을 부둥켜안고 덩실덩실 춤을 추었습니다.

노파는 그 뒤로 매일처럼 관세음보살님께 감사의 기도를 올렸습니다. 아울러 이제는 아들 혼사에 대한 소원을 관세음보살님께 빌었습니다. 그리하여 아들을 위한 〈100일 관음 기도〉가 끝나자 혼삿말이 오고 가고, 드디어 노파는 그토록 소원했던, 참하고 예쁜 며느리를 맞을 수가 있었습니다.

시청자 여러분, 재미있게 들으셨나요? 바로 펄펄 끓는 물이 나온 이곳, 이 일이 온양온천의 시작이라고 합니다.
저는 여기서 몇 가지, '기도'에 대해서 말씀을 덧붙이고자 합니다.

첫째, 어머니의 간절한 기도는 반드시 자식에게 미친다는 사실입니다.

둘째, 어떤 목적, 어떤 계기의 기도라도 오로지 관세음보살님 한 분만으로 충분하다는 사실입니다.

셋째, 기도할 때는 급한 것부터 먼저 발원하는 것이 좋다는 사실입니다.

넷째, 기도할 때는 한 가지씩 집중적으로 하는 게 좋다는 사실입니다.

다섯째, 기도 응답은 조금 더딜 수는 있지만 끝내 성취된다는 사실입니다.

불자 여러분, 세상살이가 어려울수록 기도하는 불자 되시길 바랍니다. 정성이 지극하면, 반드시 부처님 응답이 있습니다.

건강하시고, 내일 다시 뵙겠습니다. 관세음보살….

---

*참고 : 오늘 법문과 관련하여, 참고하시면 좋을 법문들을 소개해 드립니다. 유튜브 채널, 〔유튜브불교대학〕에 들어가셔서 꼭 한번 찾아 들어보시길 바랍니다.

(1) 2020. 03. 01. 《생활법문》〈어머니의 기도〉

(2) 2020. 11. 09. 《생활법문》〈관세음보살 5자(字)의 신통〉

(3) 2021. 06. 16. 《생활법문》〈100% 신심, 100% 감응〉

연명관음
延命觀音

육체적, 정신적 수명을 모두
연장해 주시는 관세음보살님

관세음보살…
국내외 시청자 여러분 반갑습니다.

오늘은 '연명(延命) 관세음보살님', '수명을 연장해 주시는 부처님'에 관한 이야기를 좀 하겠습니다. 우리 관세음보살님은 '육체의 수명'과 '명예'라는 '정신의 수명'을 연장해 주시는 분입니다.

먼저 얘기 하나를 해 드리겠습니다. 강원도 금강산 발연사(鉢淵寺)에서 전해오는 얘기입니다.

'지상(知相)'이라는 스님이 있었는데, 어릴 때부터 병치레가 잦아서 보는 이들마다 '단명(短命) 팔자(八字)'라고 입방아를 찧었습니다. 그래서 부모들은 지상스님을 발연사로 출가를 시켰습니다.

지상스님은 마음이 고와서 찾아오는 객(客) 스님들을 절 안의 문중 대중 스님처럼 잘 대해주었습니다. 한번은 몸이 아픈 스님을 잘 대해주었더니, 그 스님이 떠나가면서 답례 선물로 '모감주'로 만든 백팔 염주 한 벌을 주었습니다. 지상스님은 자신이 왜 출가하였는지를 아는지라, 그 모감주 백팔 염주로 자나 깨나 관세음보살을 외웠습니다. 그러자 모감주열매가 더 반질반질 윤이 났습니다.

혹시 모감주 열매를 보셨나요? 이곳 B·U·D 세계명상센터 무일 선원 무문관 주위에도 모감주나무가 여럿 있습니다. 그 까만 열매로 더러 염주를 만들기도 합니다. 코로나가 물러가면, 언제 한번 시청자들께서도 이 열매를 보실 기회가 있을 것입니다. 꽃도 아주 좋습니다.

다시 원 얘기로 돌아가서 말씀드립니다. 이 지상스님에게는 절친 도반이 있었는데, 그 스님의 법명은 '계인(戒忍)'이었습니다. '지킬 계(戒)' 자, '참을 인(忍)' 자. 아까 그 지상스님이라 그랬지요? 그 지상스님은 '알 지(知)' 자, '모양 상(相)' 자를 쓰는, 그런 법명입니다.

아무튼, 이 계인스님은 지상스님이 가지고 있는 모감주 염주가 탐이 났습니다. 자기 것도 아니면서 탐욕이 과하여, 어떤 수를 쓰든지 자기 걸로 해야겠다는 생각이 일어났습니다.

한번은 둘이서 산행을 하게 되었습니다. 금강산은 풍광이 좋다고는 하나, 절벽이 많은 위험한 산입니다. 절벽 위에 서서 얘기를 나누던 중, 계인스님이 갑자기 지상스님이 오른손에 돌리고 있는 염주를 낚아챘습니다. 염주가 계인스님의 손에 막 넘어가는 순간, 지상스님은 중심을 잡지 못하고 그만 천 길 낭떠러지 아래로 떨어졌

138

습니다. 큰일 났습니다.

지상스님은 낭떠러지를 따라 굴러 내려가다가, 불행 중 다행으로 절벽에 어렵사리 서 있는 소나무 밑둥치에 걸렸습니다. 지상스님은 안도의 숨을 몰아쉬면서 관세음보살을 외웠습니다.

시간이 얼마나 흘렀을까? 지상스님은 관세음보살 염불을 하다가 살풋 잠이 들었는데, 비몽사몽간에 노(老) 스님 한 분이 나타나서 말을 했습니다.

"이보시오, 젊은 스님. 염주 한 벌 때문에 목숨을 잃을 뻔하였구려. 그나마 다행이오. 나는 20년 전, 발연사 중창을 위한 화주승 노릇을 하였는데, 받은 시줏돈이 욕심이 나서 불사(佛事)는 하지 않고, 개인적으로 쓸려고 누각 밑에 감추어 두었소. 그러다가 갑자기 죽게 되었는데, 그 과보로 큰 구렁이 몸을 받아, 어둡고 침침한 낭떠러지 이 밑에서 살고 있다오. 내가 젊은 스님을 구해줄 테니, 부디 숨겨놓은 재물을 파내어 나 대신 중창 불사를 완성해 주시오. 그렇게 하면 나는 이 흉측한 몸을 벗어버릴 수 있을 것 같소."

지상스님이 깜짝 놀라 눈을 떠보니, 낭떠러지 밑에서 시커먼 구렁이 한 마리가 기어 올라오고 있었습니다. 마치 지상스님이 타라는 듯 등을 내밀길래 구렁이 몸에 올라타자, 구렁이는 스님이 떨어지지 않게 꼬리로 몸을 감싸고 슬금슬금 기어서 꼭대기까지 오르더니, 스님을 사뿐히 내려놓았습니다.

지상스님은 구렁이에게 감사의 절을 하며 약속을 지킬 것을 맹세하고 발연사로 돌아왔습니다. 그리고 꿈에서 일러준 대로 누각 밑의 땅을 파자, 정말 시주자 명단과 함께 엽전 수백 냥이 구렁이 똬리 틀 듯 묻혀 있었습니다.

지상스님은 모든 사연을 대중 스님들에게 밝히고, 그 돈으로 발연사를 중창하였습니다. 그리고 낙성 회향식을 한 이후, 그 먹구렁이를 위해 여러 번 '특별천도재'를 올려주었습니다. 그랬더니, 먹구렁이는 다시 노스님의 모습으로 지상스님의 꿈에 나타나 치하를 하였습니다. "나는 스님 덕택으로, 구렁이의 몸을 벗고 천상으로 올라갑니다. 감사합니다." 참으로 기쁜 일이었습니다.

또 한편, 모감주 염주를 탐내어 못된 짓을 하고 달아났던 계인스님이 돌아와 지상스님에게 염주를 돌려주며 백배 참회하고 사죄하였습니다. 지상스님은 계인스님으로부터 돌려받은 모감주 염주를 '이것은 탐욕을 부른 화근이다.'라고 말하면서, 불구덩이에 던져 태워버렸습니다.

이후로도 지상스님은 '관세음보살의 큰 가피로 살아나서, 큰 불사를 할 수 있었음'에 감사하면서, 평생 관세음보살님을 염불하고 의지하며 살았는데, '백수(白壽)를 누렸다.'고 합니다.

'발연사, 지상스님 이야기'였습니다. 그런대로 재미가 있지요?
여기서 가장 핵심은 지상스님이 단명(短命)의 팔자를 타고났지만, 그리고 그러한 위기가 실제로 있었지만, 열심히 관세음보살을 외운 덕분에, '과거 묵은 업장이 소멸되고 장수(長壽)하였다.'는 사실입니다.

바로 이렇듯이, 우리 중생들의 수명을 연장해 주는 힘이 관세음보살님께는 있습니다. 즉, 연명의 가피를 내리시는 분이 관세음보살입니다. 이때 우리는 '연명 관세음보살(延命觀音)'이라고 부릅니다. 관세음보살님은 중생의 원함 따라 서른세 가지 모습 즉, 삼삼의 모습으로 나타나시는데, 무병장수(無病長壽)를 바라는 중생의 입장에서는 이 연명 관세음보살님이 더없이 소중할 뿐입니다.

다시 말씀드립니다. 우리들이 관세음보살님을 열심히 외우면, 바라는 만큼의 그 명(命)을 살 수가 있습니다. 아울러, 위의 발연사 얘기에서 힌트를 얻을 수 있는 것처럼, 관세음보살을 외우는 그 공덕으로 주위의 모든 이들도 좋아집니다. 그 한 예로, 구렁이로 태어난 그 화주승을 천도하고 크게 중창 불사를 할 수 있었던 것도, 다 관세음보살의 기도 가피였음을 알 수가 있습니다.

『관세음보살보문품(觀世音菩薩普門品)』에 나오는 관련 게송을 소개하겠습니다.

"흉악한 사람에게 쫓겨 가다가,
험한 산에 떨어져 굴러 내려도,

관세음보살을 염하는 거룩한 힘이
털끝 하나 손상치 못 하게 하네."

한문으로 외워 보겠습니다. 후렴구에 '나무 아미타불'은 속으로 따라 하시면 좋습니다.

"혹피악인축(或被惡人逐) 하야,
타락금강산(墮落金剛山) 이라도.
나무 아미타불.

염피관음력(念彼觀音力) 으로,
불능손일모(不能損一毛) 하니라.

나무 아미타불."

여기서 한 가지 더 사족처럼 말씀드리면, 지상스님이 낭떠러지에 떨어짐을 당했다는 것은 주위 사람들의 시기 질투, 구설로 인해 아주 곤란한 지경에 빠졌다는 것도 의미합니다. 마지막 『관세음보살보문품』의 게송도 같은 맥락입니다. 하지만 그러한 험한 상황 속에도 '관세음보살'을 외우면, 그 불자는 절대 화(禍)를 당하지 않습니다. 즉, 명예의 수명을 연장할 수 있습니다.

결론입니다. 지금 병이 있어 단명의 예감이 있는 분, 그리고 시기 질투, 구설로 인해 이름, 그 명예가 곤경에 처한 분들은 무조건 '관세음보살'을 외우십시오. 주야장천 관세음보살을 외워서 관음삼매(觀音三昧) 즉, 원통삼매(圓通三昧)에 드는 시간이 많으면, 100% 관세음보살의 가피를 입을 수 있습니다. 관세음보살님은 육체의 수명이든, 명예의 수명이든 그 수명을 연장해 주시는 분입니다. 연명 관세음보살님을 믿으십시오. 유튜브불교대학 제가 한〔관음 정근〕을 좀 틀어놓고 같이 하시면, 더 큰 시너지 효과가 있습니다.

늘 관세음보살님을 찾는 불자 되시길 바랍니다.

오늘 관세음보살님의 영험에 대해서 말씀을 쭉 드렸는데요. 마침 이곳 무일선원에서는 〔큰법당 주불 관세음보살님〕을 새로 모셨습니다. 꼭 한번 오셔서 '대성자모 관세음보살님'을 친견하시길 바랍니다.

내일 다시 뵙겠습니다. 관세음보살….

대성자모 관세음보살

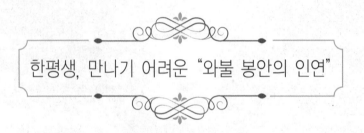

한평생, 만나기 어려운 "와불 봉안의 인연"

"평화, 행복의 33m 와불" 모십니다.

(1) 장소 : B·U·D 山海 세계명상센터 성불 동산

(2) 일시 : 서기 2023년(불기 2567년) 11월 26일 오후 2시

(3) 누구나 동참할 수 있습니다.

(4) 문의 : 대구큰절 (053) 474 - 8228

　　　　무일선원 (054) 753 - 8228

합리관음
蛤 蜊 觀 音

모든 경사스러운 일을 끌어당기시는 관세음보살님

관세음보살…

유튜브불교대학 시청자 여러분 반갑습니다.

오늘 제가 말씀드리고자 하는 법문의 주제는, '온 세상이 관세음보살', '합리관음(蛤蜊觀音)', '조개 속의 관세음보살'에 대한 얘기입니다. 그 내용이 아주 재미있을 겁니다. 한번 들어보십시오.

당나라의 문종 황제는 아주 독실한 불자였습니다. 내전(內殿)에 법당을 따로 마련하여 관세음보살상(觀世音菩薩像)을 따로 모시고, 조석으로 예불하고 수시로 기도하였습니다. 뿐만 아니라, '유정'이라는 선사(禪師)를 왕사(王師)처럼 섬기며 스님으로부터『화엄경(華嚴經)』,『법화경(法華經)』,『금강경(金剛經)』등 대승 경전을 공부하였습니다.

식(食)습관 또한 주로 불교식의 채식 위주로 하였는데, 조개만은 즐겨 까먹었습니다. 어느 날 아침, 여느 때와 같이 수라상에 조개가 올라서 잘 까먹었습니다. 그런데 그중 마지막 하나가 입이 벌어지지 않았습니다. 황제는 조개 하나로 한참을 씨름하다가, "관세음보살, 관세음보살, 관세음보살…" 하고 관세음보살을 부르면서, 다물고 있는 조개 입을 겨우 열어젖혔습니다.

아! 그런데 이게 웬일입니까? 열고 보니, 속 조갯살이 관세음보살 모양을 하고 있었습니다. 빛도 은근히 나오는 듯하였습니다. 하도 신비롭고 기이한 일이라, 곧 유정 선사를 불렀습니다. "유정 큰스님, 조개 속에서 관세음보살의 모습이 보였습니다. 이게 어찌 된 일입니까?"

유정 선사가 대답했습니다. "폐하시여, 이는 천백억의 모습으로 응화신(應化身)을 나타내어 중생을 교화하시는 관세음보살의 화신(化身)입니다. 관세음보살님은, 각각 그의 형상을 응하여 제도시킬 자는 각각 그 형상을 나투십니다."

황제가 말했습니다. "그런데 유정 큰스님, 이 조개가 관세음보살 모습을 나투었으나, 설법은 없지 않습니까?" 유정 선사가 또 대답했습니다. "폐하께서는 이 조개에서 보이는 관세음보살 모습이 아무 사람이나 볼 수 있는, 흔한 일이라 생각하십니까?" 황제가 말했습니다. "유정 큰스님, 그런 것은 아닙니다. 조개 속에서 관세음보살님이 나타난 것은 만고에 희귀한 일이라 생각합니다. 관세음보살님의 신통 변화라고 믿습니다."

유정 선사가 말했습니다. "폐하시여, 그런 믿음이 있으시다면, 폐하께서는 이미 관세음보살님의 설법까지 들으신 것입니다." 황제가 또 말했습니다. "유정 큰스님, 그러한 이치를 좀 더 자세히 가르쳐주십시오." 유정 선사가 말했습니다. "폐하, 관세음보살님은 설함 없이 설하십니다. 즉, '무설(無說)'이 '설(說)'입니다. 또한 폐하께서는 들음 없이 들으십니다. 즉, '무문(無聞)'이 '문(聞)'입니다."

이때 '聞(문)' 자는 '들을 문(聞)' 자입니다. 이 말을 듣고 문종 황제는 한 소식 한 듯 크게 기뻐하였습니다. 그리고 모든 사찰에 지시하여, '관음상(觀音像), 관세음보살의 상을 모시라.'고 하였습니다.

지금까지 『불조통기(佛祖統紀) 관음자림집(觀音慈林集)』이 전하는 '합리 관세음보살'에 대한 얘기였습니다. 합리 관세음보살님은 33관세음보살님 중에 한 분입니다. 이 '합리(蛤蜊)'는 조개, 바지락, 대합을 일컫습니다. 한마디로 말하면, 조개 속의 관세음보살님이 '합리 관세음보살'입니다.

조개 속의 조갯살이 어떻게 관세음보살로 보여질까요? 여기서 우리는 '문종 황제의 신심(信心)'을 되짚어 볼 필요가 있습니다.

황제는 내전에 법당을 마련, 관세음보살상을 모시고 아침저녁으로 예불을 드리며 수시로 기도하였다고 했습니다. 그리고 한 스님을 스승으로 삼아, 경전 공부도 부지런히 하였다고 했습니다. 더욱 대단한 것은 까먹던 조개가 벌어지지 않자, 그 껍질을 열어젖히려고 애를 쓰는 그 순간에도 '관세음보살'을 염하였다는 사실입니다.

제가 보기에는 문종 황제는 관음삼매(觀音三昧) 즉, 원통삼매(圓通三昧)에 푹 젖어있었던 게 분명합니다. 그러니까 관세음보살님이 조개 속에서 시현(示現)하신 것입니다.

우리 신도님들도 가끔 그런 말을 합니다. "기도가 한참 잘 될 때는, 온갖 것이 다 관세음보살으로 보여지고, 온갖 소리가 다 관세음보살로 들리더라."라고 말입니다.

'관세음보살 삼매에 들었다.'는 것은 '내가 관세음보살이 되었다.'는 것을 의미합니다. 관세음보살 정근을 해서, 관세음보살 삼매에 들면, 나의 육근(六根) 즉, 안(眼)·이(耳)·비(鼻)·설(舌)·신(身)·의(意), 눈·귀·코·혀·몸·생각이 관세음보살의 것이 됩니다.

즉, 내가 관세음보살이 되니, 보여지는 것이 관세음보살의 모습이요, 들리는 것이 관세음보살의 소리일 수밖에 없습니다. 산천의 바윗돌이 관세음보살로 보여지고, '뚝딱 뚝딱 뚝딱' 하는 주방의 칼질 소리가 관세음보살 소리로 들려지면, 제법 공부가 되어가는 중입니다.

아무튼, 나 자신이 관세음보살 기운으로 가득 차면, 그러한 동종(同種)의 기운을 끌어당깁니다. 모든 것이 뜻과 같으며, 하는 일이 순조롭습니다. 이것이 곧 관세음보살의 영험입니다.

우리 불자들은 자주 관세음보살 삼매에 들어가 봐야 합니다. 하루에 최소 1시간은 관세음보살 외우면서 염주 돌리십시오. 그러면 보여지는 것이 관세음보살 모습이고, 들리는 것이 관세음보살의 음성이 됩니다. 그리하여 튼튼해진 내공의 힘이 모든 경사스러운 일을 끌어당깁니다. 그러면, 매일매일 관세음보살님의 신통력이 전개되고, 매번 매번 관세음보살의 가피력이 함께 할 것입니다.

마지막으로, 열반하신 성철 큰스님의 말씀 한 편을 소개할 테니, 오늘 얘기와 연관시켜 음미해 보시길 바랍니다.

"보이는 만물(萬物)은 관음(觀音)이요, 보이는 소리는 묘음(妙音)이라.

보고 듣는 이 밖에 진리가 따로 없으니, 시회대중(時會大衆)은 알

겠느냐?

산은 산이요, 물은 물이로다."

깊이 음미해 보시길 바랍니다.

내일 다시 뵙겠습니다. 관세음보살⋯.

아마제관음

阿摩提觀音

두려움을 없애주시는 관세음보살님

관세음보살…
국내외 유튜브불교대학 시청자 여러분 반갑습니다.

오늘은 '아마제관음(阿摩提觀音)'에 대한 얘기입니다. '불안장애를 없애주시는 관세음보살님, 아마제관음'입니다.

관세음보살님을 늘 외우는 우리 불자들은 관세음보살님이 어떤 분이며, 어떤 역할을 하는지에 대해서 어느 정도는 알고 있어야 합니다. 그러한 측면에서, '관세음보살님의 33응신(應身)을 이해한다.'라는 것은 매우 중요합니다. 지금까지 33가지 모습으로 나투시는 '33응신' 가운데, 이미 열두 분을 소개하였으니, 《생활법문》에서 꼭 찾아보시길 바랍니다.

오늘은 '아마제관음'에 대해서 말씀드리겠습니다. 절에 웬만큼 다닌 분들도 이 '아마제관음'이라는 이름이 생소할 것입니다. 하지만, 아주 중요한 관세음보살이니 잘 들으시길 바랍니다.

아마제(阿摩提)는 인도 말 '아베티(Abhetri)'에서 왔고, 그 뜻은 '두려움 없음'입니다. 즉, 아마제 관음은 '두려움을 없애주시는 관세음보살'입니다. 그림으로 그려질 때는, 일반적으로 사자의 등에 올라앉은 모습입니다. 사자를 부리는 관세음보살이라면, 세상에 그 어떤 두려움도 다 해결해 주실 것은 확실하고 분명합니다.

재미있는 '아마제 관세음보살님의 가피 이야기'를 해 드리겠습니다. 불안장애가 있는 분들은 더욱 집중해서 들으시길 바랍니다.

신라 말, 경애왕 때의 일입니다.

경주에 신라 6두품, '최은함'이라는 사람이 살고 있었습니다. 그는 늦도록 대(代)를 이을 자식이 없자, 시간만 나면 아내와 함께 '중생사'의 관세음보살님께 가서 "아들 하나만 점지해 주십시오." 하고 기도를 올렸습니다.

중생사의 관세음보살님은 영험이 특출하다고 알려져 있었기에, 더욱 그런 믿음을 낼 수 있었습니다. 아니나 다를까, 최은함은 부인과 함께 일구월심(日久月深) 관세음보살 기도를 한 끝에, 마침내 아들을 얻었습니다.

그런데 그 아들이 태어난 지 석 달쯤 되었을 때, 나라에 큰 변고가 일어났습니다. 후백제의 견훤이 서라벌, 지금의 경주를 쳐들어온 것입니다. 그때가 경애왕 4년, 11월의 일이었습니다.

궁궐을 점령한 후백제 군사들은 포석정에 있던 경애왕을 살해하기에 이르렀습니다. 서라벌은 그야말로 공포 분위기 그 자체였습니다. 백성들은 견훤의 군사들에게 당하지 않으려고 사방으로 뿔뿔이 흩어졌습니다. 그렇게 숨지 않으면, 아이나 어른이나 화(禍)를 당할 것은 뻔했습니다.

최은함의 부부는 참 난감하였습니다. 석 달밖에 안 된 아기를 안고 몸을 숨기기란 참으로 어려웠기 때문입니다. 숨어있는데 아기 울음소리를 듣고 후백제군이 달려오기라도 하면, 어른과 아이 모두 목숨을 부지할 수 없는 형편이었습니다.

생각다 못한 최은함은 아기를 안고 중생사로 달려갔습니다. 중생사로 종종걸음을 하면서도 아기에게 계속 말을 했습니다. "아가야, 두려워 마라. 관세음보살님이 너를 지켜줄 것이다. 아가야, 관세음보살을 계속 속으로 외우거라. 알겠느냐? '관세음보살, 관세음보살, 관세음보살…' 하고 따라 해 보거라." 아기는 무엇인가를 알아들은 듯 눈을 깜빡였습니다.

최은함은 중생사 법당에 들어가서 관세음보살님 상(像) 앞에, 아기를 안고 엎드려 흐느끼며 말했습니다. "관세음보살님, 지금 세상은 난리 통입니다. 이 어린 것을 온전하게 피신시키기가 어렵습니다. 관세음보살님께서 이 아기를 점지해 주셨으니, 관세음보살님이 이 아기를 살려주십시오."

그리고는 일어나서, 아기더러 다시 말했습니다. " '관세음보살, 관세음보살, 관세음보살…' 을 속으로 외워라. 그러면 절대 겁나지 않고, 두렵지 않을 것이다. 꼭 데리러 올 테니 잘 있어 다오." 이후, 아기를 포대기에 싸서 관음상(觀音像)의 탁자 아래에 잘 넣어두고는, 떨어지지 않는 발걸음으로 그곳을 떠났습니다.

최은함은 피신해 있는 피난처에서도 일심정성(一心精誠) 관세음보살을 외우면서, 아기를 안위(安慰)를 위해 기도하였습니다.

마침내, 후백제 견훤은 왕족 '김부' 를 '경순왕' 으로 세우고 물러갔습니다. 그간 시간은 보름이 지났습니다. '견훤의 군사가 물러갔다.' 는 얘기를 들은 최은함은 피신처에서 나와, 단걸음에 중생사로 달려갔습니다. 급하게 법당문을 열고 들어가 법당의 탁자 아래를 들췄습니다.

아! 이게 무슨 기적인지, 아기가 살아있었습니다. 겨우 석 달 된 아기가 추위와 배고픔, 그리고 깜깜함, 외로움을 거뜬히 이겨내고 눈을 반짝이며 아버지 어머니를 번갈아 쳐다보았습니다. 방긋방긋

웃기까지 하였습니다.

이후 아기는 더욱 건강하게 잘 자랐고, 지혜 또한 남달랐습니다. 그가 바로, 고려 때 '문하시랑평장사', '문하수시중' 벼슬까지 올랐던 '최승로'라고 합니다.

여기서 이 '최승로'는, 저희들이 과거 중고등학교 시절, 「시무28조」로 국사 책에도 등장했던 인물입니다. 이 이야기는 『삼국유사』 등 역사서(歷史書)에 실린 실화입니다.

우리들이 여기서 중점적으로 살펴봐야 할 내용은 '관세음보살님의 위신력(威神力)'입니다. 관세음보살님은 우리 중생들이 갖고 있는 온갖 불안장애를 없애주시는 분으로서, 그때 불리어지는 이름이 '아마제관음'이라는 것입니다. 이해가 되시지요?

요즘 들어와서 불안장애 때문에 병원을 찾는 사람이 인구의 9%라고 합니다. '불안장애'란 '극심한 긴장, 공포심'을 말하는데, 여기에는 '공황장애', '강박장애' 등이 있습니다. 뇌과학에서는 해마의 편도핵과 전전두엽의 뇌 회로가 원활치 못해 일어나는 병이라고 합니다.

이완 요법으로서, 약물 치료로 항우울제, 항불안제를 쓴다고는 하지만, 이 역시 마인드 컨트롤(Mind-control)이 되지 않으면 치료가 까다로운 질병입니다. 비약물 치료로는 명상, 운동, 요가, 호흡법 등 다양한 방법이 있는데, 불자라면 '관세음보살'을 외우면 자연히 해결됩니다. 관세음보살님은 위에서 누차 말씀드렸듯이 불안과 공포심을 없애주십니다.

관세음보살님의 따뜻한 눈, 잔잔한 미소, 부드러운 손길을 생각하시면서 "관세음보살, 관세음보살, 관세음보살." 하고 외우십시오. 온갖 생각을 중단하고, 긍정적인 마음으로 관세음보살을 외우면, 불안, 공포는 아예 발동하지도 않습니다. 우리들이 외우는『반야심경(般若心經)』에도 〈무유공포(無有恐怖)〉라는 말이 있지 않습니까? 관세음보살님을 외우면, 공포심(恐怖心) 즉, 불안장애가 없어집니다.

불안, 공포로 인해 정신적 병이 깊은 사람은 〔관세음보살〕제 염불 틀어놓고 하루 내내 외우고, 길 가면서도 염불 소리 들으면서 외워 보십시오. 그리고 시간 나면, 〔관세음보살〕들으면서 계속 써 보시길 바랍니다. 병원 약 안 먹어도 금방 고칠 수 있습니다. 주무실 때도, 틀어놓고 주무십시오.

또한, 병까지는 가지 않았더라도 시험 때나, 사람 만날 때 불안하고 가슴이 두근거리면, 염주 돌리면서 '관세음보살, 관세음보살, 관세음보살…' 을 외우십시오. 일시에 사라질 것입니다. 관세음보살님은 불안장애를 없애주십니다.

시청자 여러분, 오늘은 '아마제관음' 을 기억하는 시간 되시길 바랍니다.

내일 다시 뵙겠습니다. 관세음보살….

중보관음

衆寶觀音

중생들에게 갖가지 보물, 재물을
끌어다 주시는 관세음보살님

관세음보살…

국내외 유튜브불교대학 시청자 여러분 반갑습니다.

오늘은 '재물(財物)을 주시는 관세음보살님', '중보(衆寶) 관세음보살님' 입니다.

전남 문화재 자료, 제24호인 '곡성 관음사' 는 고대 소설『심청전』의 모태가 되었던 창건 연기 설화를 간직한 곳으로, 백제 분서왕 서기 301년에 중국 진나라 '홍장' 황후가 보내온 '금동 관음상' 을 모시고 창건되었습니다. 이와 관련하여, '중보 관세음보살(衆寶觀音)' 에 대해서 말씀드리겠습니다.

'衆寶(중보)' 란 '무리 중(衆)' 자, '보배 보(寶)' 자입니다. 즉, '갖가지 보배' 라는 뜻이 있습니다. 따라서, '중보 관세음보살' 이라 하면, '관세음보살님께서 중생들에게 갖가지 보물과 재물을 끌어다 주실 때 불리는 이름' 입니다.

우리가 청정한 신심을 내어, 지극정성 재물 성취를 관세음보살님 전에 기도하면, 관세음보살님은 그 위대한 법력(法力)으로 우리 앞에 나타나십니다. 그때 불리는 이름이 '중보 관세음보살' 입니다.

다음 얘기를 잘 한번 들어보십시오.

충청도 바닷가에 '원량'이라는 장님이 살고 있었습니다. 일찍이 아내를 잃은 데다 집도 가난하고, 일가친척이 전무(全無)하였습니다. 다행히 '홍장'이라는 외동딸이 유일한 혈육으로 있어서, 의지가 되었습니다.

어느 날, 원량이 길에서 '홍법사'의 '성공'이라는 탁발승을 만났는데, 다짜고짜 장님 원량의 손을 잡고, "당신이 우리 절 법당 불사의 큰 시주자이십니다."라고 하였습니다. 원량이 무슨 연유인지 묻자, 스님은 어젯밤 꿈에 부처님이 나타나 '내일 길에서 만나는 장님이 큰 시주자'라고 했다는 것입니다. 그러면서 성공스님은 걸망에서 작은 원불(願佛)을 꺼내서 장님에게 쥐여 주고는 "이 분은 재물을 주는 '중보 관세음보살'이니, 집에 모시고 열심히 기도해 보십시오."라고 하였습니다.

장님 원량은 부처님을 받은 마음의 부담이 얼마나 컸던지, 이렇게 말해버렸습니다. "내가 당장은 시주할 것이 아무것도 없습니다. 열심히 기도는 하겠는데, 기도했는데도 시주금을 마련하지 못하면, 하나 있는 제 딸이라도 드리겠습니다."

집에 돌아와 딸 홍장에게 있었던 일을 말하니, 딸은 아무런 대꾸 없이 눈물만 흘렸습니다. 이미 부처님과 약속을 해버린 터라 아버지를 원망해도 소용없는 일이 되었습니다. 16세 어린 딸과 아버지는 스님이 준 중보 관세음보살님을 단칸방 봉창 위에 모시고, 낮이고 밤이고 시간이 날 때마다 그 앞에 앉아서 관세음보살을 염하였습니다. 어떤 날은 '관세음보살 삼매(觀音三昧)'에 빠져, 날이 새는 것도 해가 저무는 것도 몰랐습니다.

그러기를 석 달 열흘, 백일기도를 마치고, 딸 홍장은 바람을 쐴 겸 근처 바닷가에 나갔습니다. 그런데 모래밭에 앉아 수평선을 바라보고 있자니, 그의 시야에 화려하게 치장한 두 척의 배가 빠른 속도로 다가왔습니다. 어느새 배는 홍장 가까이 다다르고, 그 배 안에서 화려한 옷을 입은 중국인 대관 한 사람이 좌우에 호위를 받으며 홍장에게 접근하더니 말을 걸었습니다.

"저는 진나라 사람인데 모년 모월에 우리 황후께서 세상을 떠났습니다. 황제께서 침식(寢食)을 전폐(全廢)하시고 슬퍼하셨는데, 새 황후가 될 사람이 백제 땅에 있다는 꿈의 계시를 받고, 황제께서 명령하시어 저희들이 여기까지 왔습니다. 그런데 보니, 아마 처녀가 새 황후가 될 사람인가 합니다. 황제께서 꿈에서 본 모습을 얘기하셨는데, 아가씨와 그 모습이 아주 똑같습니다."

이에 홍장은 장님 아버지와 홍법사 시주 사정 얘기를 하였습니다. 그랬더니 그들은 진귀한 보물들을 내어놓으면서, "이것으로 홍법사 새 법당을 지으면 됩니다."라며 안심시켰습니다. 홍장은 '이 것은 필시 중보 관세음보살님의 기도 가피 덕분'이라고 생각했습니다. 하지만 장님 아버지가 마음에 걸려 승낙을 못 하자, 다들 아버지 계신 아버지 쪽으로 몰려갔습니다.

장님인 아버지 원량이 자초지종 얘기를 듣더니, 딸에게 말했습니다. "그래, 너도 시집갈 나이가 되었다. 어차피 시집가면 잘 못 만나는 것은 마찬가지 아니냐? 가서 황후가 되어서 부귀영화 누리고 잘 살면, 이 아버지는 크나큰 만족이겠다." 그러면서 장님 원량이 "내 딸아, 마지막으로 얼굴이나 한번 보자꾸나." 하면서, 뚝뚝 떨어지는 눈물을 닦으며 옷소매로 눈을 스쳤는데, 그토록 닫혔던 눈꺼풀이 확 열렸습니다. 부녀(父女)는 서로의 얼굴을 보면서 얼싸안고 실컷 울었습니다. 그렇게 해서 홍장은 진나라의 황후가 되었습니다.

황후가 된 홍장은 '모든 것이 관세음보살님의 공덕'이라고 생각하면서, 온 나라에 많은 불사(佛事)를 하였습니다. 그리고 고향인 백제 땅에 금동 관세음보살님을 보내서 새 절을 짓도록 하였습니다. 그런데 '금동 관세음보살상(金銅 觀世音菩薩像)'은 전남의 곡성에 사는 '성덕'이라는 아가씨와 인연이 되어, 그곳에 '관음사'가

세워지게 되었습니다. 시간 관계상 뒷얘기를 좀 많이 줄였습니다.

이 이야기에서 우리는 몇 가지 교훈을 얻을 수 있습니다.

첫째, '관세음보살님은 믿음이 완전하다면, 반드시 바라는 바를 성취시켜 주신다.' 는 것입니다.

둘째, '기도할 때는 절체절명의 위기인 듯, 아주 간절하게 해야 한다.' 는 것입니다.

셋째, '기도해서 가피를 입었으면, 반드시 갚을 줄 알아야 한다.' 는 것입니다.

아무튼, 우리 관세음보살님은 무한정의 재물을 가지신 중보 관세음보살의 이름으로 중생들의 물질적인 소원을 다 들어주십니다. 그런데 그 소원이 순수하고 소박할 때, 잘 성취된다는 것을 우리 엘리트 불자들은 결코 잊어서는 안 되겠습니다.

지금까지 '33관세음보살' 가운데 '중보 관세음보살' 에 대한 법문이었습니다. 앞에서 이미 설명한, 열세 분의 관세음보살님에 대한 법문도 꼭 찾아서 들어보시길 바랍니다.

내일 다시 뵙겠습니다. 관세음보살….

*참고 : 오늘 법문과 관련하여, 참고하시면 좋을 법문들을 소개해 드립니다. 유튜브 채널, 〔유튜브불교대학〕에 들어가셔서 꼭 한번 찾아 들어보시길 바랍니다.

(1) 2021. 01. 12.《생활법문》〈기도의 효과는 결정적일 때 나타난다.〉

(2) 2021. 05. 21.《생활법문》〈지상 최고의 공덕〉

(3) 2021. 06. 16.《생활법문》〈100% 신심, 100% 감응〉

유희관음
遊戲觀音

행복을 주시는 부처님,
우울증을 치료해 주시는 관세음보살님

관세음보살…

유튜브불교대학 시청자 여러분 반갑습니다.

오늘은 이 '행복(幸福)' 과 맞추어서, '행복 관세음보살님', '유희(遊戲) 관세음보살님' 에 대해서 말씀을 드리겠습니다. 우리 관세음보살님은 '행복' 을 주시는데, 그 '행복' 의 이름으로 오실 때의 관세음보살 이름이 '유희 관세음보살이다.' 이 말입니다. 이렇게 정리를 하고, 지금부터 본격적으로 이야기를 좀 시작해 보겠습니다.

살아있는 모든 존재는 행복하기를 원합니다. 우울함에 빠져 있고, 불행(不幸)을 느끼는 시간이 많으면, 사실 살맛이 없습니다. 그런데 주위를 둘러보면, 의외로 그러한 존재들이 많습니다.

제가 '사람' 이라는 말을 하지 않고, '존재' 라는 말을 쓴 것은 동물들도 그러한 수가 많기 때문입니다. 이곳 무일선원에는 우연히 인연이 된 고양이들이 여러 마리 있는데, 그중 한 2마리가 우울증 증세가 가끔 나타납니다.

그럴 때 저는, 염불 소리를 들려줍니다. 염불 가운데서도 〔관음정근〕을 들려주면, 고양이가 알아듣는지 눈을 지그시 감고 감상합니다. 기분 전환이 되었는지, 염불 소리가 끝나면 또 서로 장난치고 놉니다. 어떨 때는 보면 관세음보살 정근 소리를 기대라도 하는 듯, 제 방 앞에서 머물 때도 있습니다. 그러다가 한밤중에라도, 칠성각까지 가는 포행길에 따라 붙기도 합니다. 포행하면서 틀어놓은 〔관음 정근〕에 고양이들이 귀를 쫑긋해서 쫓아오는 모습을 보면, 참 대견스럽기도 합니다.

오늘 제가 말씀을 드리려고 하는 이 관세음보살님은 아까 말씀드린 대로, '유희 관세음보살(遊戲觀音)'입니다. '遊戲(유희)'란, '놀 유(遊)'자, '놀 희(戲)'자를 써서, '즐거움', '행복'을 의미합니다.

부처님의 자세 중에서 '유희좌(遊戲坐)'라는 것이 있습니다. 결가부좌(結跏趺坐)를 한 상태에서 한쪽 다리를 풀어, 대좌(臺座) 밑으로 내린 자세입니다. 고려 불화에서 흔히 나타나는 수월(水月) 관세음보살님의 다리 모습입니다.

수월 관세음보살님*, 공부할 때 역사책에서 다 보셨지요?

---

*참고 : 수월 관세음보살님은 33관세음보살님 중 한 분으로, 이미 법문해 주신 바가 있으니, 꼭 한번 다시 찾아서 들어보시길 바랍니다.
(1) 2021. 09. 20.《생활법문》〈수월관음 – 1편〉
(2) 2021. 09. 21.《생활법문》〈수월관음 – 2편〉

이곳 〔B·U·D 세계명상센터 해변힐링마을〕에 모셔져 있는 '해월 관세음보살님' 이 그렇게 되어 있습니다. 또, 무일선원의 산중도량 〔관음 동굴〕의 관세음보살님도 유희좌를 하고 계시니, 오실 때 잘 한번 보시길 바랍니다.

아무튼, 유희좌가 나타내는 것은 '편안함' 을 나타내는 자세입니다. 유희 관세음보살님은 당연히 유희좌를 하고 계실 때가 많습니다. 이런 유희 관세음보살님은, 친견하기만 해도 마음이 편안해지고, 나아가 행복감에 젖어 들 수 있습니다. 우울증 증세가 있거나, '불행하다' 는 생각이 많은 사람이 관세음보살님을 외우고 금세 괜찮아지는 수가 많은데, 그때 불리어지는 관세음보살 이름이 '유희 관세음보살' 입니다.

재미있는 얘기 하나를 해 드리겠습니다.

중국 장안에서 있었던 얘기입니다. 성(城) 내에 '강' 씨 성(姓)을 가진 한 사람이 있었는데, 거울 가게를 운영하고 있었습니다. 무슨 일인지 동종(同種)의 다른 가게는 손님이 많았는데, 강씨의 거울 가게는 거의 손님이 오질 않아, 말 그대로 파리만 날리고 있었습니다.

한 달, 두 달도 아니고, 3-4년이 그렇게 지나가자 생계유지가 힘들게 되면서, 우울증이 왔습니다. 그의 머릿속에는 '나는 불행하다.' 라는 생각만 가득 찼습니다. 한마디로 살맛을 잃어가고 있었습니다.

그때, 지나가던 한 스님이 들어와서는 강 씨의 얼굴을 처다보더니, 관세음보살이 그려진 그림 하나를 건네고는 말했습니다. "이분이 당신의 마음을 편안하게 해 줄 것이니, 좋은 위치에 붙여 놓고, 관세음보살을 늘 외우시오. 그리고 관세음보살님의 온화한 상호와 미소(微笑)를 잘 관(觀) 하시오."

강 씨는 손님도 없다 보니 달리 할 것도 없고 해서, 스님이 주신 그 그림을 벽에 붙여 놓고는, 늘 관세음보살을 보면서 "관세음보살"을 읊조렸습니다. 그러기를 33일쯤 지났을 때, 그림 속의 관세음보살을 닮은 한 여인이 가게 안으로 들어오더니, 아무런 이유도 없이 '옥(玉)거울' 을 주고 싶다면서 슬그머니 탁자에 내려놓았습니다.

주인 강 씨가 옥거울에 대한 답례로 베 한 필을 들고 나오는 사이에, 그 여인은 사라져 버렸습니다. 그런데 당시 옥거울이 귀하였던지, 온 주위 사람들이 옥거울을 구경하려고 모여들었습니다. 참으로 희한한 일이 벌어진 것입니다.

옥거울을 구경한 사람들이 입에서 입으로 소문을 내는 바람에 가게의 손님들이 끊이질 않았습니다. 옥거울을 구경 온 사람들은 다들 그냥 가지 않고, 물건 하나씩을 사 주었습니다. 1년쯤 지나자, 강 씨의 우울증 증세는 씻은 듯이 없어지고, 마음 가운데 행복감이 가득 찼습니다.

강 씨는 바쁘게 장사하는 가운데에도, 벽에 붙여진 관세음보살님 그림을 보면서 속으로 늘 관세음보살을 외웠다고 합니다. 후일 강 씨는 그 관세음보살님 그림을 준 스님을 물어물어 찾아서, 스님이 거처하고 있는 절에 꼭 그 그림을 닮은 관세음보살님을 조성, 봉안하였다고 합니다.

그 후, 그 절에는 그 관세음보살님을 친견하러 온 사람들이 많았는데, 특히 우울증을 앓거나 인생을 비관하던 사람들이 하나같이 다 좋아졌다고 합니다. 그래서 그 관세음보살님은 '유희 관세음보살님'이라고 불리게 되었습니다.

우리 인생이라는 것이 만만치 않습니다. 늘 굴곡이 있게 마련인데, 일이 잘 안 될 때면 의기소침하고 우울해지는 것이 인지상정입니다.

그럴 때는 무조건 관세음보살님을 외우십시오. 그러면 분명히 관세음보살님은 내 가정에, 내 마음 가운데에 찾아오십니다. 관세음보살님이 오시면, 우울의 어두운 그림자는 삽시간에 사라지고 행복의 밝은 빛이 함께 할 것입니다.

관세음보살님이 행복의 에너지로 오실 때, 그 이름이 '유희 관세음보살' 입니다. 불자 여러분, 다들 행복하고 싶으시지요? 그러면, 관세음보살님을 지극정성 외우십시오. 관세음보살님은 밝은 상호와 환한 미소를 지니신, '행복의 화신(化身)' 이십니다.

지금까지 '유희 관세음보살' 에 대해서 말씀드렸습니다. '33관세음보살' 에 대해서 틈틈이 제가 말씀을 드리고 있는데, 오늘이 15번째 관세음보살이었습니다. 관세음보살님, 아주 중요합니다. 관세음보살 가피를 입으려면, 관세음보살님에 대해서 뭘 좀 알아야 합니다. 알고 나면, 강한 믿음이 생겨납니다. 앞선 법문들도 다 좀 찾아 들어보시고요. 자나 깨나 관세음보살을 찾는 신심 있는 불자들이 되시길 바랍니다.

내일 다시 뵙겠습니다. 관세음보살….

＊참고 : 특별히 '우울증' 과 관련하여, 이미 법문해 주신 바가 있습니다. 참고하시길 바랍니다.
(1) 2020. 09. 02. 《생활법문》〈우울증의 불교적 해법〉
(2) 2020. 09. 08. 《생활법문》〈치유 활력 12법칙〉

쇄수관음
灑水觀音

업장을 소멸해 주시고,
삼재를 소멸시켜 주시는 관세음보살님

관세음보살…

시청자 여러분, 반갑습니다.

오늘은 '삼재(三災)'와 관련하여, '삼재를 소멸해 주시는 부처
님', '쇄수(灑水) 관세음보살'에 대해서 말씀을 드리겠습니다.

유튜브불교대학의 댓글에 큰 비중을 차지하는 질문 중의 하나
가 '삼재에 대한 해결 방법'입니다. 그래서 이미 여러 차례 이 삼재
에 대한 설명을 드린 바가 있습니다*.

『관음경(觀音經)』이라고 불리는 「관세음보살보문품(觀世音菩
薩普門品)」에서는 중생들이 재앙 때문에 고통받는 여러 이야기를
늘어놓고 있습니다.

①불 구덩이에 떨어뜨림을 당하는 일,

---

*참고 : '삼재'에 관련한 법문을 다양하게 해주신 바가 있으니, 참고하시
 길 바랍니다.
 (1) 2020. 07. 01.《생활법문》〈삼재(三災) 겁내지 마라.〉
 (2) 2020. 09. 19.《생활법문》〈삼재팔난(三災八難) 이야기〉
 (3) 2021. 01. 20.《생활법문》〈절에서는 왜 입춘 기도를 올리는가?〉
 (4) 2021. 01. 21.《생활법문》〈입춘, 삼재 소멸법〉
 (5) 2021. 03. 09.《생활법문》〈지난해 '삼재 소멸 다라니' 처리법〉

②큰 물에 빠져 떠내려가는 일,

③험한 산에서 낙상(落傷)의 위험이 있는 일,

④흉악한 사람에게 쫓기게 되는 일,

⑤나쁜 도적에게 해침을 당하는 일,

⑥칼끝의 위험이 닥치는 일,

⑦옥(獄)에 갇히는 일,

⑧독약(毒藥)으로 인한 몸의 해침이 있는 일,

⑨중음신(中陰身)이 장난을 치는 일,

⑩짐승·동물의 위험에 직면하는 일,

⑪독충(毒蟲)이 엄습하는 일,

⑫자연 재해가 발생하는 일.

이상, 총 12가지의 이러한 재앙을 세속에서는 그냥 뭉 쳐서 '三災(삼재)'라고 합니다. '세 가지 재앙'이라, '삼재'라고 하는 이 말은, 사실 무시무시하게 겁나는 말입니다. 하늘에서 일어나는 재앙, 천재(天災). 땅에서 일어나는, 지재(地災). 사람 사이에서 일어나는, 인재(人災). 이 모두가 다 경계하고 조심해야 할 일인 것만은 틀림없습니다.

좀 다른 각도에서 삼재는, '질병·전쟁·기근의 난(難)'을 말하기도 합니다. 또 한편, 물로 인한 수재(水災), 바람으로 인한 풍재(風災), 불로 인한 화재(火災), 이 세 가지를 '삼재'로 정의하는 경우도 있습니다.

그렇다면 이 삼재는 무엇 때문에 일어나는 것일까요? 이는 말할 것도 없이, '전생의 업(業)' 때문입니다. 업장(業障)만 소멸되면 이러한 예상치 못한 삼재가 만나지지 않습니다.

그러한 맥락에서, 〈관세음보살 정근〉을 한 뒤 후렴구에 〈관세음보살 멸업장 진언〉 즉, 〈옴 아로늑게 사바하〉 이 진언이 나오는 것은 결코 우연이 아닙니다. 〈관세음보살 정근〉을 하는 것이야말로, 직접적으로 저 위에서 살핀 12가지 재난들, 삼재를 소멸하는 신통한 힘이 있기 때문입니다.

조금 다른 입장에서, 업장 소멸에 관계되는 '관불(灌佛) 의식'에 대해 얘기해 보겠습니다.

관불 의식이란 '부처님을 목욕시키는 의식'인데, 부처님을 목욕시켜 드리다 보면 어느새 내 마음이 청정해짐을 느끼게 됩니다. 우리가 '4월 초파일', '부처님오신날'이 되면, 각 절마다 관불 의식을 하지 않습니까? 이것이 부처님을 씻겨드리는 청정 의식인 것 같

감포도량
무일선원 정원에 계신
탄생불

지만, 사실은 자기 자신의 업을 청정하게 하는 의식입니다.

제가 있는 이곳 유튜브불교대학 한국불교대학 大관음사 감포도량 무일선원 정원에는 베트남 백옥 돌로 잘 조각한 '탄생불(誕生佛)' 을 모셔 두고, 오시는 분들이 관불 의식을 하도록 안내하고 있습니다.

저도 그쪽을 지나칠 때는 꼭 바가지로 물을 떠서, 아기 부처님의 머리에 물을 붓는 관불을 합니다. 그러면 일순간 마음이 시원해짐을 느낍니다. 자기 정화가 된다는 말입니다. '자기 정화가 된다.' 라는 것은 '업장이 소멸된다.' 는 의미와도 통합니다. 그래서 그곳에 안내해 놓은 문구가 '업장을 씻어주시는 부처님' 이라고 되어 있습니다.

이러한 깊은 속뜻이 있는 '관불 의식' 은, 경전(經典)에 그 근거를 두고 있습니다. 경전에는 '부처님께서 태자로 이 세상에 오실 때, 하늘의 가라 용신과 울가라 용신이 태자를 목욕시켰다.' 라는 전설이 나오는데, 거기서 이 관불의식이 유래한 것입니다. 또 어떤 경전에서는 아홉 마리 용이 머금고 있던 물로, 막 태어난 태자를 목욕시켰다 하여 '구룡토수(九龍吐水)' 라 하기도 합니다.

사실 부처님께서는 본래로 청정한 몸, 청정신(淸淨身) 자체이시기 때문에, 몸을 씻고 말고 할 것이 없습니다. 그대로 청정 법신입니다. 아무튼 이러한 얘기들이 있고 여기에 기인한 관불 의식이 있는 것은 중생들이 어쩌든지 관불 의식을 잘 해서, 업장을 씻어내고, 업장을 소멸하라는 메시지가 있습니다.

위에서 언급한 것처럼, 전생의 업은 '삼재' 로 나타납니다. 이 삼재를 소멸하기 위해서는, 제가 늘 말씀드리는 '심상화적 방편' 이 꼭 필요합니다. 그래서 나타난 분이, 33관세음보살 중에 '쇄수 관세음보살(灑水觀音)' 입니다.

'灑水(쇄수)' 란, '물을 뿌린다.', '물을 붓는다.' 는 뜻인데, 이는 '중생의 몸을 깨끗이 해 준다.' 는 뜻을 가지고 있습니다. 중생의 몸을 깨끗이 해 준다 함은 '업장을 씻어 주신다.' 는 의미이고, 현실적으로 '삼재를 소멸해 주신다.' 는 의미입니다.

이때 관세음보살님은 호리병 같은 정병(淨瓶)을 들고 계시면서, 물을 붓는 모습을 취하십니다. 간혹 '남순 동자' 라는 한 동자(童子)가 온몸에 그 물을 맞고 있는데, 그 동자는 기도하는 사람 즉, 자기 자신이라고 생각하면 됩니다.

『관음경』에서는 12가지 재난, 삼재를 열거하고는, 관세음보살을 진실된 마음으로 외우면, 그 재앙들이 사라진다고 했습니다. 그러니 제아무리 공포스러운 재앙이 닥치더라도, 또는 올해 삼재가 들어서 불안한 마음이 있더라도, 두려워 말고 지극정성 관세음보살을 외우십시오. 그러면 관세음보살님은 쇄수, 물을 뿌리고 뿜어대는 방편으로 그 모든 재앙과 삼재의 기운을 다 씻어내려 주실 것입니다.

『관음경』의 원문(原文)에서는 다음과 같이 표현하고 있습니다.

"중생들이 한량없는 괴로움 닥치더라도, 관세음의 기묘한 힘이 다 해결하고.
신통하고 묘한 힘으로 갖가지 몸을 나투어, 원수인 마장들을 물리쳐주신다."
음미해 보시길 바랍니다.

관세음보살님의 이러한 위신력(威神力)을 믿는 불자라면, 이제는 겁낼 이유가 없습니다. 우리가 지극정성 관세음보살을 외우면, 아무리 지독한 삼재라 하더라도 부처님은 '쇄수 관세음보살님(灑水觀音)'의 이름으로 다 막아 주십니다. '쇄수 관세음보살님'은 요즘 표현으로 하면, '삼재 소멸 관세음보살님'입니다.

삼재가 들어서 불안한 마음에, 제가 시키는 대로 〈관세음보살〉을 외우고, 〈관세음보살〉의 이름을 사경한 덕분에, 오히려 삼재 기간에 더 발복(發福)한 불자가 엄청 많습니다. 결국, 관세음보살 기도를 함으로써 '복삼재(福三災)'가 된 것입니다.

불자 여러분, 삼재라고 해서 두려워할 것이 없습니다. 그리고 삼재 아니다 해서 방심하셔도 안 됩니다. '노는 입에 염불한다.'는 말이 있듯이, 그저 관세음보살을 외우십시오. 그리고 관세음보살을 쓰십시오. 관세음보살의 위신력으로 삼재를 소멸할 수 있습니다.

마지막으로, 관세음보살의 〈멸업장 진언〉을 세 번 외우고 마치겠습니다.

옴 아로늑게 사바하
옴 아로늑게 사바하
옴 아로늑게 사바하

제가 다시 노파심에서 말씀드립니다. 삼재가 드신 분들은 절대 이상한 데 의지하지 말고, 정법(正法)에 의지하셔야 합니다. 그래서 관세음보살님 늘 찾고, 관세음보살님 전에 인등(引燈) 하나 밝히시면, 그것으로 충분합니다. 게다가 덤으로, 절에서 입춘(立春) 때 드린 「삼재소멸 다라니」까지 몸에 지니셨으니, 걱정할 이유가 전혀 없습니다. 저는 삼재 기간, 온갖 불사(佛事)를 완벽하게 이루었습니다. 아까도 말씀드렸듯이, 정법대로 기도하면 오히려 복삼재가 됩니다.

오늘은 33관세음보살님 중에서 쇄수 관세음보살님에 대해서 말씀을 드렸습니다. 쇄수 관세음보살님은 삼재 소멸 관세음보살님입니다. 충분히 이해가 되셨으리라고 봅니다.

우리 유튜브불교대학은 공부하고 수행하는 불교 전문 채널(Channel)입니다. 주위에 '구독' 좀 많이 권유해 주시고, 또 광고도 적당히 봐주신다면, 불교대학 운영에 큰 도움이 되겠습니다.

늘 건강하시고, 내일 다시 뵙겠습니다. 관세음보살….

덕왕관음
德 王 觀 音

중생들에게 아무 조건 없이
무한대로 덕을 베푸시는 관세음보살님

관세음보살…

시청자 여러분 반갑습니다.

오늘은 '생명체들의 어머니는 위대하다. 바로 덕왕 관세음보살이시다.' 라는 주제로 말씀을 드리도록 하겠습니다.

먼저, 재미난 얘기 하나 해 드리겠습니다.

남편 없이 사는 한 노파가 있었습니다. 그에게는 외동아들이 있었는데, 말을 잘 듣지 않았습니다. 하라는 공부는 하지 않고, 성년이 되자 '농사짓는 것은 힘들다.' 하면서 소 돼지를 잡는 '백정' 노릇을 하였습니다. 본래 성격도 거친 사람이 그런 직업을 가지다 보니, 그 행동거지가 말이 아니었습니다. 매일 술을 마시고, 걸핏하면 이웃들과 싸웠습니다. 집에 들어오면 어머니에게까지도 욕설을 퍼붓고 손찌검까지 하였습니다.

늙은 어머니는 '저런 불효자를 낳은 것은 필시 전생에 내가 지은 업장이 두터워서다.' 라고 자책하면서, 틈틈이 관세음보살을 외웠습니다. 그런데 무슨 일로, 사고뭉치인 아들이 어느 날 집을 나간 뒤 행방불명이 되었습니다. 어머니는 자나 깨나 그 아들을 위해 기도하면서, 자신의 업장 소멸을 발원하였습니다.

그간 아들은 3년을 타(他) 지방으로 돌아다니며 천신만고를 겪었습니다. 너무나도 살기가 힘들 자, 그에게도 조금의 불심(佛心)이 있었는지, 한 작은 사찰에 들어가서 한 끼 공양을 얻어먹고는 그 절 노(老) 스님에게 여쭈었습니다. "스님, 관세음보살을 만나면 세상살이가 좀 편하다고 들었는데, 그 관세음보살을 어디 가면 만날 수가 있는지요?"

노스님은 다짐을 받았습니다. "내가 말하면 믿겠느냐?" "예, 스님. 믿겠습니다." 노스님은 말했습니다. "저고리를 뒤집어 입고, 신발을 거꾸로 신고 있는 분이 관세음보살이니, 그런 사람을 찾아보거라."

아들은 그 이후 또 3년을 거지 차림으로 유랑 생활을 하면서, 그 노스님이 말한 사람을 찾아다녔습니다. 하도 자기 사는 신세가 처량하니, 저절로 관세음보살이 입에서 나왔습니다. 하지만 아무리 해도 관세음보살을 만날 수가 없었습니다. 아무튼 그 아들은 객지를 전전하다가, 우연찮게 고향 마을 쪽으로 발걸음을 옮겼습니다. 갑자기 6년 못 뵌 어머니가 생각났습니다.

집에 도착한 시간은 한밤중이었습니다. 닫힌 사립문을 열고 마당에 들어서면서 "어머니!" 하고, 어머니를 불렀습니다. 잠결에 아들의 소리를 들은 노모(老母)는 뒤집어 벗어놓은 저고리를 그대로 입었습니다. 그리고, 섬돌에 벗어놓은 신발을 거꾸로 신은 채 뛰쳐 나왔습니다.

마침 은은한 보름 달빛이 있었는데, 이 모습을 본 아들은 순간 크게 감탄, 감동하였습니다. 그리고 울부짖듯 말했습니다. "관세음보살… 어머니 관세음보살…." 아, 그러하였습니다. 3년을 그토록 찾아 헤매던 그 관세음보살이 바로 어머니였던 것입니다. 그날로부터 꼴통, 말썽꾸러기 아들은 개과천선(改過遷善)하였습니다. 그리하여 세상에 둘도 없는 효자가 되었습니다.

33관세음보살님 가운데 '덕왕(德王) 관세음보살'이 계십니다. 우리가 여기서 늘 유념해야 할 중요한 점이 있습니다. '33관세음보살'이라 하니, '꼭 서른세 가지 각기 서로 다른 관세음보살이 있겠거니' 생각해서는 안 된다는 것입니다. 관세음보살님은 본래로 한 분입니다.

한 분의 관세음보살님이 그 상황과 중생의 원(願)에 따라 여러 역할로 나타날 뿐입니다. 즉 역할이 많다 보니, 그때마다 불리어지는 이름도 많아진 것입니다. 이 말은, 관세음보살님이 하시는 일이 무궁무진하고 불가사의하다 보니 추상적일 수가 있는데, 이를 고려

하여 특별히 세분해서 한 부분, 한 부분 구체적으로 드러낸 이름들이 '33가지' 라고 보면 됩니다.

이 서른세 가지, 33관세음보살에 대해서는 이미 열여섯 분을 소개하였고, 오늘 말씀드리고자 하는 이 관세음보살님은 '덕왕 관세음보살(德王觀音)' 입니다.

우리가 쓰는 한자의 '큰 덕(德)' 자는 아주 중요한 글자입니다. '덕분입니다.' 할 때도 그렇고, '누구누구의 덕이다.' 할 때도, 한자의 '큰 덕(德)' 입니다. 불교에서 흔히 쓰는 '공덕(功德)', '복덕(福德)' 에도, '德(덕)' 자가 들어갑니다.

여러 가지 많은 뜻이 있겠지만, 쉽게 말하면 '德(덕)' 이란 '사람에게 베푸는 은혜' 를 말합니다. 따라서 사람에게 잘 베풀면, 덕을 쌓는 일이 됩니다. 장수(將帥) 중에서도 '지장(智將)' 보다는 '덕장(德將)' 이 더 훌륭하다고 말합니다*.

우리들이 사는 이 사바세계에서 존재하는 모든 생명체들은 어머니로부터 태어났습니다. 태어난 이후로도 생명체들은 어머니의

---

*참고
2021. 05. 10.《생활법문》〈덕(德)이 없으면, 인생살이 힘듭니다.〉

▶ 감포도량 산중절 보은전 선재법당 앞, 덕왕 관세음보살

큰 덕, 큰 은혜로 길러집니다. 그것도 무조건적입니다. 그러므로 생명체의 어머니들은 '덕(德)의 왕(王)'입니다. 德王(덕왕)입니다.

우리 관세음보살님이 세속의 어머니처럼 우리 중생들에게 아무조건 없이 덕을 베푸시는데, 그때 불리는 이름이 '덕왕 관세음보살'입니다. 우리는 늘, 덕왕 관세음보살님의 은혜 속에 있습니다. 그런 은혜를 거부하지만 않는다면, 그리고 스스로 도망가지만 않는다면, 관세음보살의 절대적 사랑을 받을 수가 있습니다.

관세음보살님은 '대성자모(大聖慈母) 관세음보살' 즉, '크게 (大) 성스러운(聖) 자비의(慈) 어머니(母), 관세음보살'이십니다. '德王(덕왕)', '덕의 왕' 속에는 이러한 의미가 이미 내포되어 있습니다.

시청자 여러분, 세속의 어머니가 덕왕이듯이, 진리의 세계에서는 관세음보살님이 곧 덕왕이십니다. 우리들의 신심(信心)이 순수하고 지극정성할 때, 관세음보살님은 갓난아기에게 생명줄처럼 존재하는 어머니처럼, 내 앞에 덕왕으로 나타나십니다. 관세음보살님을 지극정성 부르면, 덕왕이신 관세음보살님이 늘 가피를 내리실 것입니다.

오늘은 '덕왕 관세음보살님'에 대해서 말씀드렸습니다.

늘 건강하시고, 내일 다시 뵙도록 하겠습니다. 관세음보살….

다라존(다라)관음
多羅尊觀音

건너게 해 주시는 부처님,
깨닫게 하시는 관세음보살님

관세음보살…

유튜브불교대학 시청자 여러분 반갑습니다.

오늘은 '다라존(多羅尊) 관세음보살, 다라(多羅) 관세음보살'에 대해 이야기를 좀 하겠습니다. '33관세음보살님' 가운데서, '다라(多羅) 관세음보살님'이 계십니다. 여기서 이 '다라(多羅)'에는 '건넴'의 뜻이 있습니다. 즉, '다라관음(多羅觀音)'은, '건너게 해 주시는 관세음보살'입니다.

우리 불자들이 늘 외우는 『반야심경(般若心經)』의 첫머리에 '관자재보살(觀自在菩薩) 행심반야바라밀다시(行深般若波羅蜜多時) 조견오온개공(照見五蘊皆空) 도일체고액(度一切苦厄)', 이 대목이 있지 않습니까?

한글 뜻풀이로 해 보면, '관자재보살님 즉, 관세음보살님이 깊은 반야바라밀다를 실행하실 때, 색수상행식(色受想行識)의 오온이 다 공함을 비추어보시고, 모든 중생을 일체 고통과 액난으로부터 건너게 하시옵니다.'

여기서, 이 '건넴'의 뜻이 확연히 드러났습니다. 관세음보살님은 고통과 액난을 건너게 해 주시는 분입니다. 우리가 흔히 말하는

'고해(苦海)'를 건너게 해 주시는 분이 '관세음보살'입니다. '사바세계(娑婆世界)'에서 저 '불국정토(佛國淨土)의 세계'로 건너게 해 주시고, '미혹(迷惑)의 세계'에서 저 '깨달음의 세계'로 건너게 해 주십니다.

관세음보살님은 반야용선(般若龍船)과 같아서, 그냥 부르기만 하면, 이 '한 많은 언덕(此岸)'에서 저 '영원한 행복의 언덕(彼岸)'으로 데리고 가 주십니다. 『반야심경』 끝부분 진언인, 〈아제 아제 바라아제 바라승아제 모지 사바하〉도 그러한 의미를 내포하고 있습니다.

'반야용선을 탄다.'는 것은 '관세음보살님을 부르는 일'이며, '관세음보살님을 생각하는 일'이며, '관세음보살님을 사경 하는 일'입니다. 그리고 '관세음보살님의 말씀인 대비주(大悲呪) 즉, 〈신묘장구 대다라니〉를 가까이하는 일'이며, '대다라니와 하나가 되는 일'입니다.

우리가 무슨 기도를 하든 『천수경(千手經)』을 하게 되는데, 사실 『천수경』의 본론은 〈신묘장구 대다라니〉이고, 이 〈신묘장구 대다라니〉는 '관세음보살님이 우리 중생들을 구제하기 위해 하시는 참 말씀'입니다. 즉, 〈신묘장구 대다라니〉를 외우는 것은 곧, 관세음보살 기도입니다. 〈대다라니〉는 '관세음보살님의 자비심(慈悲心)이 응축된 언어'이며, '중생과의 소통 말씀'입니다. 그리고 '진리 본불(本佛)의 소리'이며, '본체계(本體界)의 원음(原音)'입니다. 관세음보살님의 건넴, 건네줌의 가피를 입으려면, '관세음보살 정근 삼매(三昧)'에 들던가, '〈신묘장구 대다라니〉 독송 삼매'에 들면 됩니다.

지금부터는 〈신묘장구 대다라니〉로 견처(見處)를 얻으신 '수월'이라는 큰 스님에 대해서 말씀드리겠습니다.

1855년 수월스님은 충남 홍성에서 태어났는데, 일찍이 부모님을 여의고, 29세에 서산 천장암으로 출가하였습니다. 한국 근대 선풍(禪風)을 크게 진작시킨 경허스님의 법상좌로서, 해월, 만공스님과 더불어, '경허의 세 달(月)'이라고 불릴 만큼, 도력(道力)이 뛰어났습니다.

1887년 〈대다라니〉 즉, 〈천수주(千手呪)〉를 외우다가 확철대오(廓徹大悟) 하였으며, 1928년 세수 74세, 법납 45세로 입적(入寂) 하였습니다. 스님은 하안거를 끝낸 뒤, 이튿날 "개울에 가서 몸 좀 씻겠네."라는 말을 남긴 채, 목욕 후 바위에 알몸으로 앉아 좌탈입망(坐脫立亡) 하였습니다.

한암스님과도 같이 수행하였으며, 스님이 만주에 계실 때는 금오, 효봉, 청담스님 등이 가르침을 받았습니다. 수월스님의 수행 이야기를 담은, 김진태 거사의 『달을 듣는 강물』이라는 책이 유명합니다.

그럼 지금부터, 수월스님께서 〈신묘장구 대다라니〉를 외워서 깨달은 얘기를 자세하게 더 말씀드리겠습니다.

수월스님이 천장암으로 출가할 때, 은사는 '성원'이라는 스님이었습니다. 일자 무식꾼이었던 수월스님은 염불 외우는 것이 힘들었습니다. 그래도 은사 성원스님은 있는 힘을 다해 가르쳤습니다. 먼저, 『천수경』의 핵심인 〈대다라니〉부터 외우도록 하였습니다.

글을 아는 보통 사람들도 외우기가 난해한 442자의 〈대다라니〉를, 문맹(文盲)인 수월스님이 암기한다는 것은 정말 어려운 일이었습니다. 〈대다라니〉를 외우는 데 무려 6개월의 시간이 소요되었다고 합니다.

이후부터 수월스님은 땔나무를 해오는 '부목', 밥을 짓는 '공양주' 등의 소임을 살면서, 항상 〈신묘장구 대다라니〉를 외웠습니다. 그러기를 3년, 어느 날 은사 성원스님은 법당에서 불공을 드리다가

'마지'가 올라오기를 기다리고 있었는데, 당연히 제시간에 와야 할 마지가 그날따라 올라오지 않았습니다. 밥 타는 냄새만 절 안에 진동하였습니다. 이상하게 여긴 성원스님은 공양간으로 내려갔습니다.

아! 이게 무슨 일인지, 수월 상좌 스님이 〈신묘장구 대다라니〉를 외우면서 계속 부엌 아궁이에 장작을 넣고 있는 것이었습니다. 솥이 벌겋게 달아올라 불이 날 지경이었습니다. 말 그대로, '무아지경'에 들어간 것입니다.

이를 본, 성원스님은 수월스님에게 방 하나를 내어 주면서, 용맹정진하도록 배려하였습니다. 이에 수월스님은 빈 방 하나를 얻어, 〈대다라니〉 독송 정진에 들어갔습니다. 그러기를 8일째 새벽, 수월스님은 방을 뛰쳐나오며 소리쳤습니다. "스님, 스님! 이겼어요, 이겼습니다!" 이에 성원스님은 수월스님을 동학사에 머물고 있는 사숙(師叔), 경허스님에게 보냈습니다. 거기서 인가(認可)를 받고, 경허스님의 법제자가 된 것입니다.

수월스님은 '천수 삼매(千手 三昧)'를 증득하여, 무명(無明)을 깨뜨리고 깨달음을 얻었습니다. 덤으로, '절대 까먹지 않는 지혜'인 '불망염지(不忘念智)'를 증득하였습니다. 그리하여 그 이후로는 어떤 경전도 한 번 들으면 암기하였고, 수백 명의 신도 축원장도 다 외웠습니다.

유튜브불교대학 시청자 여러분, 그리고 불자 여러분, 여기서 우리가 다시 정리를 해야겠습니다.

〈신묘장구 대다라니〉기도는 관세음보살 기도와 맥이 같습니다. 그러므로 『천수경』그 속의 〈대다라니〉와 〈관음 정근〉은 아주 잘 맞습니다. 〈대다라니〉는 다른 정근 기도와는 '사실, 궁합이 전혀 맞지 않다.' 는 말씀을 드립니다.

현재 우리는 '다라 관세음보살(多羅觀音)' 에 대해 얘기 중입니다. 다라 관세음보살님은 '건넴' 의 관세음보살입니다. '건넴' 은 곧 '깨달음' 입니다.

〈대다라니〉를 외우고 〈관음 정근〉을 해서, 깨달음을 이루신 도인(道人)이 많습니다. 앞서 말씀드린 수월스님을 비롯, 「기미독립선언서」에 서명하셨던 백용성 스님, 쌍계사 고산스님, 불광사 광덕스님, 천태종 상월 원각스님, 그리고 현대의 '세계 4대 생불(生佛)' 로 추앙받았던 숭산스님 같은 분이 다 그렇습니다. 관세음보살과 관련된 기도는 '세간(世間)적 소원 성취는 당연하고, 나아가 출세간(出世間)적 업장 소멸 및 깨달음도 얻을 수 있다.' 는 말씀을 강조해서 드립니다.

아무튼, 관세음보살님은 우리를 건너게 해 주십니다. 이때 불리어지는 이름이 '다라(多羅) 관세음보살' 또는 '다라존(多羅尊) 관세음보살' 입니다. 우리를 고통에서 행복으로 건너게 해 주시는 분, 우리를 사바세계에서 불국토로 건너게 해 주시는 분, 우리를 미혹에서 깨달음으로 건너게 해 주시는 분. 늘 〈관세음보살〉 외우고, 〈대다라니〉 외우면서, '관세음보살님은 나를 건너게 해 주시는 분이지' 하고 생각하십시오. 그러면 분명히 그렇게 됩니다.

늘 건강하시고, 내일 다시 뵙겠습니다. 관세음보살….

＊참고Ⅰ : 신묘장구 대다라니'와 관련하여 이미 여러 차례 법문을 해 주신 바가 있으니, 참고하시길 바랍니다.

(1) 2020. 03. 18.《생활법문》〈신묘장구 대다라니 영험〉
(2) 2020. 12. 30.《생활법문》〈신묘장구대다라니의 대박 공덕〉
(3) 2021. 02. 08.《생활법문》〈우학스님이 가장 많이 독송하는 경전 및 다라니를 소개합니다.〉
(4) 2021. 04. 26.《생활법문》〈대다라니를 외우면 15가지 좋은 일을 성취한다.〉
(5) 2021. 06. 07.《생활법문》〈대다라니를 외우면 건강하고, 명(命)대로 살 수 있다.〉

＊참고Ⅱ
(1) 2020. 08. 03.《생활법문》〈천수경의 신비〉
(2) 2020. 08. 04.《생활법문》〈천수경 수행을 하라.〉

마랑부관음

馬 郎 婦 觀 音

무한한 아름다움 즉, 내면의 아름다움,
진정한 美(미)를 주시는 관세음보살님

관세음보살…

국내외 시청자 여러분 반갑습니다.

오늘은 '성형수술하지 않고도 아름다워질 수 있는 비법', '마랑부(馬郎婦) 관세음보살'에 대해서 말씀드리겠습니다.

우리는 예전에 젊은 여인이 참하고 아름다우면 '봉덕 각시 닮았다.'라는 말을 썼는데, 그 '봉덕 각시'는 '보덕 각시'에서 유래하였습니다. 관세음보살님께서는 우리 인간들을 제도하기 위해서 33가지 몸을 나투시는데, 그 가운데 '아름다움'의 상징으로 출현하실 때 그 이름이 '마랑부 관세음보살(馬郎婦觀音)'입니다. 그런데 마랑부 관세음보살님의 인간적 이름이 '봉덕 각시', '보덕 각시'라고 보면 됩니다.

이곳 저희 유튜브불교대학 무일선원의 화엄동산 입구에 새 관세음보살님 한 분이 오셨는데, 그 분이 '마랑부 관세음보살'입니다. 마랑부 관세음보살님의 상호와 몸매, 그리고 피부를 찬찬히 보고 있노라면, '아, 정말 아름다운 부처님이구나! 꼭 보덕 각시, 봉덕 각시 같구나!' 하는 것을 느끼게 됩니다. 감포도량 무일선원에 오실 때, 마니차 중간쯤 언덕 아래에 모셔져 있는 '마랑부 관세음보살님'을 꼭 참배해 보시길 바랍니다.

▶ 감포도량 무일선원 마랑부 관세음보살

오늘은 먼저 '마랑부 관세음보살님이 나타나시게 된 유래'를 얘기로 말씀드리고, '세상에서 진정 아름다운 것이 무엇인가?'를 살펴보는 시간 갖겠습니다.

당나라 현종 황제 때의 일입니다.

당시 당나라는 나라 안의 대부분 지역이 불교가 융성하였습니다. 그런데 수도 장안의 한 북쪽 지방인 상서성 사람들만 불교에 무관심하였습니다.

어느 날 나이 많은 노파가 젊은 딸과 함께 이 지방에 살러 왔습니다. 한 마을에 자리를 잡은 모녀는 바느질로 생계를 이어갔는데, 솜씨가 좋아서 곧 일감이 넘쳐났습니다. 그런데 더욱 사람들로 관심을 끈 것이, '보덕 각시'라는 이름을 가진 딸이 너무나 아름답다는 것이었습니다.

그 지방 전체의 총각들이 보덕 각시를 사모하여, 집단 상사병이 날 지경이었습니다. 총각의 부모들은 너 나 할 것 없이 보덕 각시 집에 중매쟁이를 보냈습니다. 그러자 보덕 각시는 청혼해 오는 총각들을 모월 모시에 집 근처 큰 공터에 전부 모이라고 하였습니다. 그리고는 미리 준비한 『법화경(法華經)』속의 「관세음보살보문품(觀世音菩薩普門品)』즉, 『관음경(觀音經)』을 총각들 앞앞이 돌렸

205

습니다.

보덕 각시가 말했습니다. "여기 저 보덕 각시는 불교를 믿는 불제자(佛弟子)입니다. 저와 혼인을 하려면, 불교를 믿으셔야 합니다. 그러기 위해서는 경전을 좀 보셔야 하는데, 오늘 모인 여러분들 중에서 나눠 드린「관세음보살보문품」즉,『관음경』을 다 외우는 사람을 우선 신랑감으로 택하겠습니다. 한나절 시간을 드리겠습니다."

정말이지 대단한 일이 벌어졌습니다. 수백 명이 경을 외우는 소리가 인근 지방까지 퍼져나갔습니다. 드디어 최종적으로 합격한 총각이 '52명'이 나왔습니다. 이에 보덕 각시는 또 말했습니다. "여러분은 1차 관문을 통과하였습니다. 그런데 그 인원이 52명이나 되니, 지금 이대로는 안 되겠습니다. 이틀의 말미를 드릴 테니『금강경(金剛經)』을 다 외워오시길 바랍니다.『금강경』을 외우신 분들 중에서 신랑을 정하겠습니다."

모인 모든 총각들은 눈을 반짝이었습니다.『금강경』은 '『관음경』보다 배(倍)나 긴 경(經)'입니다. 그런데 5,175자(字)의 금강경을 이틀 만에 다 외운 총각이 8명이나 나왔습니다. 다시 보덕 각시는 이들 앞에 나타나 말했습니다. "여러분들은 정말 훌륭하십니다.

206

마지막 관문이 남은 듯합니다. 마지막이길 바랍니다. 이렇게 여러 분들을 시험하는 제 마음도 몹시 불편하다는 것을 헤아려 주십시오. 이번에 외우실 경전은 『화엄경(華嚴經)』입니다. 이 『화엄경』은 60만 자(字), 모두 80권이 한 질(帙)인데, 열사흘(13일)을 드리겠습니다."

지금까지 자신만만하던 총각들이 기가 꺾였습니다. '아, 60만 자… 권 수로 80권을 열사흘 동안 외울 수가 있을까?' 그들은 서로의 얼굴을 쳐다보며 반신반의했습니다. 그 지방에서 학문을 좀 한다는 총각들이었지만, 이것은 정말 어려운 일이었습니다. 『화엄경』 책이 배포되고, 각자 집으로 돌아가면서 열사흘 후에 모일 것을 약속했습니다.

드디어 최종 시험일이 되었습니다. 8명 중 5명은 아예 오질 않았으며, 2명은 외우다가 막혔습니다. 단 한 사람, 마지막까지 다 외운 사람이 있었습니다. 그 총각의 이름은 '마랑'이었습니다. 마침내 보덕 각시는 마랑의 부인이 되었습니다.

그러자 사람들은 "보덕 각시는 그 지방을 불국토(佛國土)로 만들기 위해 나툰 관세음보살의 화신(化身)이다."라며, 찬탄하였습니다. 전혀 불교를 믿지 않던 그 지방 사람들은 '보덕 각시' 한 사람으로 인해 전체 주민이 다 불교 신자가 되었으니, 당연히 그런 말이 나왔습니다.

그리하여 후일 사람들은 '마랑부(馬郞婦)' 즉, '마랑의 아내 관세음보살'이라고 불렀습니다. 그래서 뒷날 조성하여 모시는 '마랑부 관세음보살님'은 '가장 아름다운 여인의 모습'이 된 것입니다.

시청자 여러분, 얘기가 좀 재미있었나요? 자신의 아름다움을 방편 삼아 그 지역 일대를 교화한 마랑부 관세음보살의 법력(法力)과 신심(信心)에 감동이 되어서, 저는 꼭 20년 전에 『보덕 각시』라는 소설 비슷한 책을 쓴 적이 있습니다. 지금은 시간이 오래되어서 절판되었습니다만, 후일에 다시 출판을 해 보겠습니다. 오늘 법문을 준비하면서 다시 한번 제가 쓴 『보덕 각시』를 읽어보고 나왔습니다.

금일, 세상에서 가장 아름다운 존재이신 '마랑부 관세음보살님'을 얘기하면서, '무엇이 진정 아름다움인가?'를 정리해 보겠습니다.

불교에서는 '아름답게 꾸미는 것'을 '장엄(莊嚴)'이라고 하는데, 최상의 장엄, 제1위의 장엄을 저 『금강경(金剛經)』에서는 '응무

소주(應無所住) 이생기심(而生其心)’ 즉, ‘응당 머무는 바 없이 그 마음을 내는 것(應無所住 而生其心)’ 이라고 하였습니다. 따라서, ‘그 마음’ 이야말로 가장 아름다움의 자리입니다. 그 마음은 청정심(淸淨心)이며, 불성(佛性)입니다. 그 마음은 청정심(淸淨心)이며, 본성(本性)입니다.

세상에서 눈에 보여지는 아름다움은 유한하며, 한계성이 있습니다. 반면에 보여지지 않는 내면의 아름다운 모습은 오히려 무한하며, 한계성이 없습니다. 본래로 아름다운 내면의 모습을 되찾기 위해, 우리들은 참선, 기도 등 명상을 합니다. 그러기 위해서는 때로 ‘연륜’ 이 필요할 때가 있습니다. 우리 주위에 보면, 연세가 지긋한 분들 중에서 그러한 아름다운 기운을 뿜어내는 대보살들이 계십니다.

어쨌든, 객관의 세계에 허덕이지 않고, 스스로 아름다운 사람이 ‘마랑부 관세음보살’ 입니다. 긍정과 사랑의 마음이 가득 차서, 은근히 우주 만물을 비추는 사람이 ‘마랑부 관세음보살’ 입니다.

우리는 육신을 아름답게 하려고 신경을 쓰는 만큼, 마음을 아름답게 가꾸려고 노력해야 합니다. 그러려면 매일처럼 수행해야 합니다. 제가 늘 제시하는 〈금강경, 대다라니 독송〉, 〈관음 정근〉, 〈대승 경전 사경〉, 〈절 및 예배〉, 〈참선〉 등 《5대 수행》을 반드시 생활화하시길 바랍니다. 마음이 아름다운 사람은 본체계(本體界)인 불보살(佛菩薩)의 근원적 에너지와 맞닿아 있으므로, 그 마음이 항상 활기차고 밝습니다. 그러면 몸도 행위도 아름다워집니다.

오늘 '마랑부 관세음보살', 시간 내서 한 번 더 들어보시고요. '진정 아름다운 것이 무엇인가?'를 생각해 보는 시간 되시길 바랍니다.

늘 건강하시고, 내일 다시 뵙겠습니다. 관세음보살⋯.

암호관음
岩戸觀音

삶이 힘들고 지친 중생들에게
빛을 주시는 관세음보살님

관세음보살…
국내외 유튜브불교대학 시청자 여러분 반갑습니다.

오늘은 33관세음보살님 중에서 '암호관음(岩戶觀音)', '암호
(岩戶) 관세음보살님' 에 대해서 말씀드리겠습니다. '부처님은 깜깜
한 인생 동굴에서 빛을 주시는 분이다.' 이러한 부제를 달고 말씀드
립니다.

불교 수행이 '동굴' 과 관련된 경우가 많습니다. 그것은 부처님
당시부터 그랬습니다. 인도 성지를 순례하다 보면, '부처님께서 7
일 용맹정진(勇猛精進)하신 끝에, 깨치셨다.' 는 '붓다가야' 를 만나
게 됩니다. 붓다가야의 압권은 당연히 52m 높이의 '마하보디 대탑'
입니다. 그런데 마하보디 대탑의 하단부에는 정말 장엄스러운 부처
님이 모셔져 있는데, 그곳은 석굴(石窟)의 형태입니다.

그리고 거기서 도보로 1시간 정도 걸으면, 전정각산(前正覺山)
을 만날 수 있습니다. 전정각산이란, '부처님이 깨달음을 이루기 전
에 고행(苦行)하셨던 산' 이라는 뜻입니다. 연구 자료에 의하면, 부
처님께서는 전정각산에서 5년 정도 계셨던 것 같습니다. 그 전정각
산의 7-8부 능선을 오르다 보면, '유영굴(留影窟)' 이라는 좁은 굴
을 보게 됩니다. 유영굴은 촛불이나 기름 등(燈)이 없으면, 아주 깜

▶ 감포도량 산중절의 부처님 고행상

깜한 천연동굴입니다. 그런데 부처님께서는 그 동굴에서 오랜 시간 정진하셨다는 게 정설입니다. 여기서 제가 말씀드리려고 한 것은, '부처님께서도 동굴에서 수행하셨다.'는 사실입니다.

다른 얘기입니다. 우리 불교 교단사, 특히 참선을 주로 가르치는 선종(禪宗)에서는 달마대사를 초조(初祖) 즉, 첫 번째 조사(祖師)로 내세웁니다. 달마대사는 인도 사람으로 불교의 핵심인 '마음법(心法)'을 전하려고 이역만리 땅 중국까지 오시게 됩니다.

그런데 당시의 여러 분위기가 마음법, 심법(心法)을 받아들일 만한 시절인연(時節因緣)이 아니었습니다. 그래서 달마대사는 소림사에서 그리 멀지 않은 동굴에 거처하면서, 8-9년의 세월을 보내게 됩니다.

지금도 중국 불교 성지순례를 하다 보면, 달마대사가 머무르셨다는 달마 동굴을 꼭 가게 됩니다. 달마 동굴은 그리 깊지는 않지만, 돌아앉아 면벽참선(面壁參禪) 하기에는 딱 그저 그만인 규모의 동굴입니다.

저는 몇 차례 그곳을 다녀오면서, '우리 이곳 세계명상센터 내에 그런 공간이 있으면 좋겠다.' 이런 생각을 한 적이 있습니다. 지금도 그 위치를 찾고 있는 중입니다. 우리 시청자 신도님들이 다 함께 들어가서 정진할 수 있는 대형 공간이면 더 좋겠습니다. 기대를 갖고 기다려 보시길 바랍니다. 아무튼, '달마대사께서도 부처님처럼 오랫동안 동굴 생활을 하셨다.'는 사실입니다.

우리가 33관세음보살님을 지금껏 공부해 오고 있는데, 여기 20번째에서 '동굴 속의 관세음보살님' 즉, '바위 암(嵒)' '집 호(戶)', '암호(嵒戶) 관세음보살님'에 대해서 말씀을 드리려고, 서두를 이렇게 길게 끌고 왔습니다. 암호 관세음보살님, 동굴 속의 관세음보살님. 좀 재미있기도 하고, 이색적이기도 하지요?

얘기 하나를 해 드리겠습니다.

오장, '오장'이라는 사람이 있었습니다. 아버지는 오장의 나이 10살 때 돌아가시고, 어머니 '육 씨'는 수 놓는 일을 하면서 수절을 지켰습니다. 그런데 갑자기 나라에서 홀로 사는 부인들을 뽑아서 내정(內政) 즉, 궁궐 안의 일을 돕게 하는 명령이 내려져서, 거기에 어머니 육 씨가 차출되었습니다. 그래서 오장은 숙부에게 맡겨졌습니다. 오장은 16살이 될 때까지 독서를 하면서 잘 자랐으나, 어머니의 정을 잊을 수가 없어서 궁궐이 있는 수도로 향했습니다.

오장은 가는 길에 주로 여관에서 묵었는데, 어느 날 배가 아프면서 몸에 열기(熱氣)가 가득하였습니다. 마침 지나가던 스님이 오장의 건강 상태가 심각함을 느끼고, 수 주일 간호해 주었습니다. 스님은 오장을 간호해 주면서, '관세음보살'을 외우도록 가르쳤습니다.

오장은 병이 낫자 스님과 이별하고, 다시 어머니 계신 수도를 향해 걷기 시작했습니다. 가다가 보니, 신발이 다 떨어져 맨발로 갈 수밖에 없었습니다. 때는 한겨울인지라, 동상에 걸려 발바닥이 갈라 터지고 피가 철철 흘렀습니다.

어느 날 오장은 남의 마구간에 들어가 몸을 녹이며 통곡하였습니다. "관세음보살님, 이제는 걸을 수가 없습니다. 어머니를 꼭 뵙고 싶은데 큰일입니다." 이때, 또 허름한 복장의 스님이 나타나더니 발을 치료해 주었습니다. 그리고 신발까지 주면서 말했습니다. "이제 길을 가시오. 산이 깊고 숲이 울창하니, 절대로 한눈팔지 말고 '관세음보살'을 부르면서 나아가시오."

하지만 오장은 가시덤불을 헤치면서 나아가는 중에, 독사에게 복사뼈를 물리고 말았습니다. 맹독이 몸에 퍼지자 눈앞이 깜깜해지면서 온몸에 고통이 엄습해 왔습니다. 오장은 가까이 보이는 작은 동굴 속으로 기어들어 갔습니다. 그러고는 쓰러졌습니다. 사경을 헤매는 중에 관세음보살님이 나타나 버들가지로 상처를 쓸어주었습니다. 그리고 정병(淨瓶)의 감로수(甘露水)를 입에 물리고는 마시게 하였습니다.

오장은 곧 고통을 잊고, 깨어났습니다. 그때 관세음보살님이 자비스러운 미소를 지으시며 말씀하셨습니다. "오장아, 하나밖에 없는 목숨도 생각지 않고 어머니를 찾아가는 너의 효성(孝誠)이 갸륵하다. 곧 어머니를 만나게 될 것이다."

오장은 벌떡 일어나 무수히 절을 올렸습니다. 그 길로 오장은 힘을 얻어서 걷고 걸어, 어머니가 있는 궁궐 근처까지 가게 되었습니다. 작은 여관방에 머물며 오장은 어머니를 찾는 글을 여관 대문에 붙이고, 열심히 '관세음보살 기도'를 하였습니다.

21일쯤 만에, 글 내용이 왕에게까지 보고가 되었습니다. 왕은 두 모자(母子)를 상봉케 하고는, 많은 돈을 주면서 고향으로 돌아가게 배려하였습니다. 고향으로 돌아온 오장은 어머니와 행복하게 살았습니다. 물론, 결혼하여 자손도 번창하였습니다. 오장 모자는 오직 관세음보살님의 보살핌에 의지하였습니다. 특히, 작은 동굴에서 만난 관세음보살님을 닮은 관음상(觀音像)을 조성하여 방에 모시고, 평생을 관세음보살 기도를 하면서 살았습니다.

이야기는 대충 끝났습니다.

오장이 동굴 속에서 만난 관세음보살은 바로 '암호 관세음보살(岩戸觀音)'입니다. 암호 관세음보살님은 '깜깜한 인생 동굴에서 희망과 성취의 빛을 주시는 관세음보살' 입니다.

B·U·D 세계명상센터, 감포도량 무일선원 마당 한 켠에 『관음굴(觀音窟)』이 있습니다. 이곳을 다녀가신 분들은 다 참배하셨을 것입니다. 굴속에 앉아 계신 '암호 관세음보살님' 이 정말 인자하신 모습으로, 편안함을 주신다는 것을 느꼈을 겁니다. 이 굴 안에 들면, 오직 관세음보살님만 계십니다. 세상에 그 어떤 것도 없습니다. 그러니, 더 이상 두려워할 것이 없습니다.

불자 여러분, 어두운 긴 인생 터널에서 삶이 힘들고 지칠 때, 이곳 도량의 '암호 관세음보살님', '동굴 속의 관세음보살님' 을 친견하십시오. 지극정성 기도하시면, 동굴을 인연 해 정진의 힘을 얻었던 석가모니 부처님, 시절을 기다린 달마대사처럼 우리는 암호 관세음보살님의 가피를 입을 수 있습니다. 끝 간 데까지 간 중생들의 귀의처인 관세음보살입니다. 그 어떤 경우라도 관세음보살 옷자락을 놓지 않는 불자들 되시길 바랍니다.

늘 건강하시고, 내일 다시 뵙겠습니다. 관세음보살….

감포도량 무일선원
마당의 관음굴 속
관세음보살님

합장관음
合掌觀音
성취하고, 공경 받고, 화합케 하시는 관세음보살님

관세음보살⋯

국내외 시청자 여러분 반갑습니다.

오늘 법문의 주제는 '성취하고, 공경 받고, 화합을 이루는 특별한 부처님.' '성취하고 공경 받고 화합을 이루는 특별한 부처님, 합장 관세음보살님' 에 대해서 말씀드리겠습니다.

온갖 방편과 무한 법력의 관세음보살님을 나타내는 33, 삼삼 관세음보살님 중에 '합장(合掌) 관세음보살님' 이 계십니다. 그림이나 조각에 나타나는 합장관음(合掌觀音)은 주로 연화대 위에 서서 합장한 채, 세상을 따뜻이 응시합니다.

지금부터 이 합장관음에 대해 좀 더 자세히 설명해드릴 테니, 잘 좀 들어보시길 바랍니다.

합장하고 계시는 관세음보살님은 3가지 의미를 지니고 있습니다.

첫째, 스스로 진리의 부처님 즉, 법신불(法身佛)임을 나타냅니다. 관세음보살님은 본래 진리로부터 오신 분이며, 진리이십니다. 왜 그런가? 이유를 좀 잘 들어보십시오.

합장하고 있으면, 애나 어른이나 다 순수해 보이며, 순수함의 자리로 돌아갑니다. 특히, 어린애들이 합장하고 있는 모습은 말 그대로 '천진불(天眞佛)' 자체입니다. 천진불이란 '천연스러워서 때나 가식이 없는 부처님' 이라는 뜻인데, 아이들에게 잘 어울리는 말입니다.

초파일, '부처님오신날' 즈음해서 전국의 큰 절들에서는 '동자승, 출가 제도' 가 있습니다. 저희 절에서도 『참좋은 어린이집』과 『참좋은 유치원』에 다니는 원생들을 대상으로, 동자승을 선착순으로 10명 정도 뽑습니다. 저는 매년 생각합니다. 한시적이고 흉내만 내는 동자승이라도, 전생부터 부처님과 인연이 깊어서 삭발하는 것이라고….

아이들이 삭발하고 회색 옷을 입은 채, 손가락 가지런히 합장하고 있는 모습을 보노라면, '천진불이구나!' 하는 생각이 저절로 듭니다. 그래서 보통 신문에서는 '천진불 동자승' 이라고 기사를 씁니다.

얼마 전에 우리 『참좋은 유치원』 제1회 졸업생 중 한 천진불 동자승이 15년 후인 지금, 진짜 출가하는 경사가 있었습니다. 고 귀엽고 예뻤던 천진불 동자승이 자라서, 동국대학교 불교학부 3학년에 다니다가 비구니 스님이 되었는데, 막 승복 입고 다소곳이 합장하

는 모습이 참 대견스러웠습니다. 그의 모습에서 '합장 관세음보살'
의 이미지를 발견할 수가 있었습니다.

합장 관세음보살님은 진리의 부처님 즉, 천진불입니다. 진리가
없는 곳이 없듯이, 관세음보살님은 아니 계신 곳 없으십니다. 중생
들이 정성껏 부르기만 하면, 관세음보살님은 합장하신 모습으로 달
려오십니다.

합장하고 계신 관세음보살님 두 번째 의미는, '일체중생을 공경
한다.' 라는 뜻이 있습니다.

우리는 법당의 부처님 앞에 서면, 당연히 합장합니다. 부처님을
공경하기 때문입니다. 부처님뿐만 아니라 절에서 스님이나 도반을
만날 때도, 보통 우리 불자들은 상대에게 '합장 인사' 합니다.

공경하지 않으면 합장이 되지 않습니다. 관세음보살님은 진리
불(眞理佛)로서, 늘 공경을 받는 위치에 계시지만, 스스로도 일체중
생을 공경합니다. 합장한 모습이 그것을 나타냅니다. 일체중생을
공경하는 사람은 일체중생으로부터 공경을 받습니다.

『법화경(法華經)』에 보면, '상불경보살(常不輕菩薩)' 이 나옵니

다. 상불경보살은 '그 어떤 경우에도 만나는 사람을 가벼이 보지 않았다는 보살' 입니다. 아무에게나, 만나는 사람마다 합장하고 인사하면, 때로는 상대가 자신을 놀리느냐고 할 수도 있지만, 상불경보살은 절대 그런 것에 개의치 않고, 진심으로 상대를 '부처님', '붓다(Buddha)' 로 생각하며 공경하였습니다. 상대를 부처님으로 공경할 때, 자신의 레벨(Level)도 올라가 '부처님' 으로 인정받습니다.

우리는 생각해야 합니다. '관세음보살님이 우리 중생을 향해 공경하는 마음으로 합장하고 계시는데, 내가 관세음보살님 앞에서 거만할 이유가 있는가? 나는 천 배, 만 배 하심(下心)하며 관세음보살님을 공경해야지…' 라고 말입니다.

그리고 또 우리 불자들은 관세음보살님을 믿고 따르는 '관음 행자' 답게, 관세음보살처럼 일체중생을 상대할 때는 늘 합장하는 모습과 마음을 지녀야 합니다. 그러면, 관세음보살님께서 그러한 불자들에게는 분명히 자기 분신의 꼭 맞는 복과 지혜를 내릴 것입니다.

합장하고 계시는 관세음보살님 세 번째 의미는, 두 손바닥을 마주 대듯, '이웃과 화합하자' 는 메시지가 담겨 있습니다.

우리 불교 행사에 참석해서는 합장하지 않다가 크게 여론의 뭇

매를 당한 사람이 있었습니다.

'2019년 5월 14일, 모 일간지 기사' 입니다.

⌜

'부처님오신날' 인 12일, 경북 영천 은해사에서 열린 봉축법요식에 참석한 '황교안, 자유한국당 대표' 가 불교식 예법을 지키지 않아 불교계의 비난을 사고 있다고 불교방송(BBS)이 13일 보도했다.

황 대표는 독실한 기독교 신자다. 황 대표는 이날 법요식이 진행되는 내내, '합장을 하는 대신 두 손을 내려서 모은 채 서 있었다.' 고 불교방송(BBS)은 전했다. 또 황 대표는 삼귀의와 반야심경 등을 진행할 때에도 목탁 소리에 맞춰 반 배도 하지 않았다.

이를 본 한국당 당원은 이 매체와의 인터뷰에서 '종교가 다르다고 하지만, 제 1 야당의 대표로서 부적절한 태도' 라고 지적했다. '윤석용, 한국 종교문화 연구소 이사' 도 인터뷰에서 '찾아갔으면, 그들의 예의 신앙과 예의 의식을 따라 줘야 했다.' 고 말했다.

앞서 황 대표는 지난 3월, 대한불교조계종 총무원장 원행스님을 만난 자리에서도 합장하지 않고 '악수' 로 인사해, 불교계 언론의 지적을 받은 바가 있다.

⌐

여기까지, '채○○ 기자'가 쓴 글입니다.

불자 여러분, 좀 느끼시는 바가 있습니까? 불자는 남의 종교 집회에 갔을 때, 그 종교 의식 대로 따라줘야 합니다. 그게 참 불자입니다. 합장 관세음보살님, 합장하고 계시는 관세음보살님 모습처럼, 우리가 관세음보살님을 믿고 외우고 따르면, 합장의 의미처럼 화합하게 되고 사이좋게 지내게 됩니다.

이상, 합장 관세음보살님이 우리들에게 나투시게 된 의미를 3가지로 압축해서 말씀드렸습니다.

다시 정리를 하면, 첫째, 합장 관세음보살님은 합장하고 계신 '순수, 천진'의 뜻 그대로, '진리 부처님, 법신불'로서 언제 어느 곳에서나 계시면서 중생들을 이익되게 하십니다. 둘째, 합장 관세음보살님은 합장하고 계신 '공경'의 뜻 그대로, 일체중생을 공경할 뿐 아니라, 일체중생으로부터 공경을 받으십니다. 셋째, 합장 관세음보살님은 합장하고 계신 '손 모습' 그대로 화합을 가르칠 뿐 아니라, 일체중생의 화합을 도모하십니다.

오늘의 결론입니다.

관세음보살님을 지극정성 염하면, 첫째 '진리 부처님' 이신 '합장 관세음보살님' 의 가피로, 일을 성취하게 됩니다. 관세음보살님을 지극정성 염하면, 둘째 '공경 부처님' 이신 '합장 관세음보살님' 의 가피로, 남의 공경과 인정을 받게 됩니다. 관세음보살님을 지극정성 염하면, 셋째 '화합 부처님' 이신 '합장 관세음보살님' 의 가피로, 가족과 친지의 화합을 이루게 됩니다. 우리 불자들은 늘 관세음보살님을 염하고, 외우고, 쓰는 그런 불자들 되시길 바랍니다.

늘 건강하시고, 내일 다시 뵙겠습니다. 관세음보살….

＊참고 : '불교식 합장 인사' 에 대한 법문입니다.
2020. 06. 07. 《생활법문》 〈역병을 이기는 최고의 인사법〉

보비관음
普悲觀音

한없이 중생들을 연민하고 가엾이 여기시어,
도움을 주시는 관세음보살님

관세음보살…
시청자 여러분 반갑습니다.

오늘은 '외롭고 슬픈 당신을 위해 계시는 우리 부처님, 보비(普悲) 관세음보살' 에 대해서 말씀을 드리겠습니다.

먼저 『관세음보살본연경(觀世音菩薩本緣經)』에 나오는 이야기를 해 드리겠습니다.

과거 많은 세월 전에 '마열바질' 이라는 나라에, '장나' 라는 유지가 있었습니다. 그는 '마나사라' 라는 예쁜 여자를 아내로 맞이하여, 아주 금실 좋게 잘 살았습니다. 그런데 그들에게는 나이가 늦도록 자식이 없었습니다. 그래서 천지신명에게 빌고 또 빌었습니다. 드디어 2년 터울로 아들들을 낳았습니다.

어느 날 장나 유지는 아이들의 운명이 궁금하여, 점(占) 치는 바라문에게 가서 물었더니, '부모를 일찍 여읠 아들들' 이라고 말했습니다. 그래서 액땜을 하려면, '아이들 이름을 운명에 맞추어 불러야 된다.' 고 해서, 본 이름을 놔두고 새로 첫째 애 이름을 '일찍 조(早)' 자 '헤어질 리(離)' 자, '조리(早離)' 라 하였고, 둘째 이름을 '빠를 속(速)' 자 '헤어질 리(離)' 자, '속리(速離)' 라고 하였습니다.

장나 유지의 집안은 당분간은 무척 단란하였습니다. 그런데 형 조리가 7살이 되고, 동생 속리가 5살이 되었을 때, 어머니가 갑자기 병이 들었습니다. 병세는 점점 깊어져 일어날 가망이 없어졌습니다. 장나 유지가 약을 구하러 간 사이, 어머니는 조리와 속리를 머리 맡에 앉혀 놓고 말했습니다.

"조리야, 속리야, 엄마의 병이 나을 것 같지 않구나. 내가 곧 죽을 것 같은 예감이 드는구나. 너희들을 보란 듯이 키우지 못한 것이 참 한(恨)이 맺힌단다. 그러나 너희들은 아버지의 가르침을 잘 받아서, 미래에 훌륭한 성현(聖賢)이 되어야 한다."

아이들 둘은, "어머니 돌아가시면 안 됩니다." 하고 목놓아 울었습니다. 하지만 하늘도 무심하게 어머니 마나사나는 오래 견디지 못하고, 죽고 말았습니다. 남편인 장나 유지는 너무도 비통하여 식음(食飮)을 전폐하고, 하늘을 원망하였습니다.

그렇게 부인이 죽은 지 수백 일이 지나가자 집안 살림이 엉망이 되어갔습니다. 장나 유지는 할 수 없이 새 장가를 들게 되었습니다. 후처(後妻)로 들어온 부인은 용모가 망처(亡妻)를 닮은 데가 있어서, 두 아이들도 비교적 잘 따랐습니다.

그런데 그것도 잠시, 어느 해 곡식 한 알을 볼 수 없을 만큼 혹독한 흉년이 찾아들었습니다. 장나 유지는 딴 이웃 나라에 가서 식량을 구해오지 않으면 안 되는 상황이 되었습니다. 그리하여 7일간을 걸어서, 단나라 산으로 갔습니다. 그곳에는 '진두'라는 과일이 많았기 때문입니다.

장나 유지가 비상식량을 구하러 간 다음 날, 후처는 공연한 망상(妄想)이 들었습니다. '남편이 돌아오지 않을 수도 있겠다. 만일 돌아온다 하더라도, 남편은 전처(前妻)가 낳은 아이들을 더 많이 사랑하지, 장차 내가 낳은 아이들을 더 사랑하겠나? 그렇다면 저 아이들을 없애는 것이, 어느 경우든지 나에게 득(得)이 되겠다.'

후처는 곧바로 뱃사람을 한 명 매수하고는, 아이들을 태워 무인도로 향했습니다. 거기 놔두고 올 계략이었습니다. 아이들은 영문도 모른 채, 무인도에 도착하자 배에서 멀리 떨어진 곳까지 나가 놀았습니다. 아이들이 노는 데 정신이 없는 틈을 타서 후처는 매수된 뱃사람과 함께, 아이들만을 두고 돌아와 버렸습니다.

무인도에 남겨진 두 아이는 나중에서야 자기들이 버려졌다는 것을 알게 되었습니다. 밤이 되자, 배는 고프고 날은 추웠습니다. 기한(飢寒)에 두 아이는 더 이상 견디지 못하고, 점점 기운이 쇠잔하여 갔습니다.

    며칠이 지나자, 조리와 속리는 '곧 죽게 될 것'이라는 것을 예감하고, 어머니의 유언을 떠올렸습니다. "그래, 성현이 되자. 성현이 되라고 어머니가 말씀하셨지…." 둘은 하얀 색깔의 웃옷을 벗어 자기 손가락을 돌로 찧어, 서원하는 마음을 혈서(血書)로 남겼습니다.

    그 내용은 '다음 생에는 자기들처럼 불쌍한 사람들을 도와주고, 어렵게 사는 사람들의 의지처가 되어주고, 그들을 구제해 주자'는 것이었습니다. 참으로 대비행(大悲行)의 발원이었습니다. 극한 상황에서도 자기 목숨에 집착하기보다, '자기와 같은 처지에 있는 사람들을 살려내겠다.'는 거룩한 비심(悲心)이 일어났습니다. 조리와 속리는 이렇게 대비원(大悲願)을 세우고, 숨져 갔습니다.

    이상, 『관세음보살 본연경』에 나오는 얘기였습니다. 뒷부분, 장나 유지가 아이들의 행적(行蹟)을 찾는 부분은, 시간 관계상 생략하고 후일에 더 말씀드리겠습니다.

    관세음보살님은 영산회상, 영축산에서 자신의 본연(本緣)을 설명하시고, "조리는 나 이 관세음보살(觀世音菩薩)이고, 속리는 대세지보살(大勢至菩薩)이다"라고 말씀하셨습니다.

조리와 속리가 '자신들은 비록 추위와 배고픔으로 이렇게 죽더라도, 내생에는 성현이 되고 대보살이 되어, 자기들처럼 어려운 처지에 놓인 불쌍한 사람들을 구원해 주겠다' 라고 서원 세운 그 무인도가 '보타락가산' 입니다.

관세음보살님은 과거 무량겁 중에 이미 성불(成佛)하여, '정법명왕여래' 가 되어 중생을 제도하셨는데, 이생의 불쌍한 중생들을 위해 '관세음보살' 로 다시 화현(化現)하시니, 그 이름이 '보비(普悲) 관세음보살' 입니다.

다시 요약해서 말씀드리면, 부처님의 권화신(權化身)이 '관세음보살' 인데, 특별히 '대비원(大悲願)' 을 강조할 때 이름이 '보비 관세음보살(普悲觀音)' 입니다. 저 위의 얘기에서 '조리와 속리의 비원(悲願)' 이 곧 '보비 관세음보살의 원력(願力)' 이며, '보비 관세음보살의 모습' 입니다.

'보비(普悲) 관세음보살' 이라 할 때, '普(보)' 는 '넓을 보(普)', '悲(비)' 는 '슬플 비(悲)' 입니다. 즉, '普悲(보비)' 는 '널리 두루 모든 방면으로 마음 아파하고, 연민하며, 가엾게 여기어 도움을 준다.' 는 뜻입니다. 따라서 보비 관세음보살님은 간절하게 자신의 도움을 원하는 중생에게는 비심(悲心)을 가지고 달려가서 도와주십니다.

불자 여러분, 혹시 슬픈 일이 있으십니까? 안타까운 일이 있으십니까? 우울증이 올 만큼, 외로우십니까? 관세음보살님을 지극정성 부르면서, 관세음보살님께 의지하십시오. 관세음보살님은 '픕悲(보비)' 의 원력과 신통으로 나투셔서, 다 해결해 주실 것입니다.

보비 관세음보살님이 그림으로 그려질 때는, 주로 그늘지고 외로운 곳에 서 계십니다. 두루 연민하고 계시기 때문입니다. 우리 이곳 감포도량 세계명상센터에는 **'연대산 관세음보살님'** 이 '보비 관세음보살 역할' 을 하고 계십니다. 사진을 한번 보십시오.

연대산 아래 골짜기에, 중생들을 연민하시는 모습으로 서 계십니다. 이곳을 찾는 모든 불자들께서는 연대산 관세음보살님 가피로, 슬픈 일·외로운 일·안타까운 일이 다 소멸되시길 기도 축원 드립니다.

보비 관세음보살님은 33관세음보살님 중의 한 분입니다. 오늘 얘기 아주 중요합니다. 다시 한번 좀 들어보시길 바랍니다.

그런데 우리가 정근 기도를 할 때에는 "관세음보살, 관세음보살, 관세음보살…" 이렇게 하시면 됩니다. 달리 또 무슨 "보비 관세음보살, 보비 관세음보살, 보비 관세음보살…" 이렇게 안 하셔도

▶ B·U·D 세계명상센터 산중절 내 보비 관세음보살(연대산 관세음보살)

된다는 얘기입니다.

"관세음보살, 관세음보살, 관세음보살…." 외우면, 33관세음보살님의 모든 원력과 신통력이 그 속에 다 포함됩니다. 다 이해가 되시지요?

건강하시고, 내일 다시 뵙겠습니다. 관세음보살….

일여관음
一 如 觀 音

한결같으신 부처님,
불치병을 치유해 주시는 관세음보살님

관세음보살…
국내외 유튜브불교대학 시청자 여러분 반갑습니다.

오늘은 '불치(不治)의 병(病), 암(癌) 등의 업병(業病)을 고쳐주시는 부처님', '일여(一如) 관세음보살'에 대해서 말씀드리겠습니다. 33관세음보살님을 지금까지 쭉 말씀을 드리고 있는데, 오늘이 '23번째 관세음보살'입니다. 23번째, 일여 관세음보살(一如觀音).

우리 관세음보살님은 방편의 힘이 대단하십니다. 그래서 '33가지 모습'을 나투십니다. 불교에서 이 '33'은 '숫자 33'에 그치는 것이 아니라, '무지 많은 수'를 의미합니다. 우리가 33관세음보살님을 이해할 때도, 반드시 그러해야 합니다.

그런데, 표면적으로 나타내는 33가지 모습만 가지고도 관세음보살님은 '무한 능력의 부처님이시구나' 하는 것을 알 수 있습니다. 오늘 소개해 드리려고 하는 '일여 관세음보살님' 또한 그러합니다. '일여(一如)'란 '하나와 같음', '한결같음'의 뜻을 지니고 있습니다. 이 두 의미를 복합적으로 받아들이면, '하나와 같음'의 자리에 들기 위해서는 '한결같아야' 합니다.

다시 말씀드립니다. '하나와 같음(一如)'의 자리에 들기 위해서는 '한결같아야(一如)' 합니다.

부처님과 모든 중생의 근본 자리는 본래 하나입니다. 부처님의 불성(佛性) 자리와 중생의 불성 자리는 둘이 될 수 없습니다. 물과 얼음의 기본 성분(H_2O)이 차별이 없음과 같습니다.

물도 H_2O이고, 얼음도 H_2O입니다. 물이 부처님이라면, 얼음은 중생입니다. 얼음인 중생이 물인 부처님과 하나가 되려면, 중생은 수행을 통해서 사상(四相)의 고집을 녹이고 수억 겁 고질화되어 내려온 중생의 업장을 녹여버려야 합니다. 그러면 부처님 자리에 들어, 부처님처럼 자유롭고 행복해집니다.

'부처님 자리에 들었다.' 하면, '근본 자리 즉, 본래 하나의 자리에 들었다.' 는 말입니다. 그 하나의 자리, 一如(일여)의 자리는 대단히 위대합니다. 모든 업장이 녹아내린 곳이므로, 과보(果報)의 찌꺼기도 없습니다. 세속에서 '천벌' 이라고 불리는 가혹한 병들도 다 소멸됩니다. '하나 일(一)', '같을 여(如)', '一如(일여)'. '하나와 같음' 의 자리가 일으키는 기적이요, 불가사의입니다.

'하나 일(一)', '같을 여(如)', '一如(일여)'. 그러기 위해서 기도자는 '한결같음' 의 용맹정진이 필요합니다. 즉, 一如(일여)의 자리에 들려면, 一如(일여)의 정진이 있어야 합니다. 거기에는 〈관세음보살 정근〉과 〈관세음보살님의 대비주(大悲呪)〉가 꼭 필요합니다. 여기서 〈관세음보살 대비주〉는 〈신묘장구 대다라니〉를 일컫습니다.

『천수경(千手經)』에 보면, '계수관음대비주(稽首觀音大悲呪)'라는 말이 나옵니다. 여기서 '관음대비주(觀音大悲呪)'란 '관세음보살님이 중생들을 제도하기 위해 연민의 마음으로 내놓는 주문'이라는 뜻인데, 이는 〈신묘장구 대다라니〉입니다.

이 〈신묘장구 대다라니〉는 관세음보살님의 언어요, 법력(法力)입니다. 그러므로 관세음보살님과 하나의 자리에 앉기 위해서는 〈대다라니〉와 완전히 하나가 돼야 합니다. 그곳이, 일여 관세음보살님의 가피의 현장입니다. 그래서 〈대다라니〉의 원이름이 「천수천안(千手千眼) 관자재보살(觀自在菩薩) 광대원만(廣大圓滿) 무애대비심(無碍大悲心) 대다라니(大陀羅尼)」입니다.

관세음보살님의 신통(神通)의 힘을 앉아서 기다릴 것이 아니라, 내가 〈관음 정근〉을 하고 〈대다라니〉를 외워야 합니다. 그래서 스스로 그 세계에 뛰어들어 체험하면 될 일입니다. 그러한 면에서, 기도 가피가 있고 없고는 순전히 기도자의 몫이요, 기도자의 자세요,

기도자의 책임입니다.

일여관음(一如觀音), 일여 관세음보살님은 과거 전생부터 끈질기게 따라온 천벌의 업장까지도 녹여버리는, '신통(神通)의 부처님' 이름입니다. 이와 관련하여, 실화 2개를 소개하겠습니다.

첫 번째 이야기입니다.

'홍만' 이라는 사람은 어릴 때 소아마비에 걸려, 두 다리를 못 쓰게 되었습니다.

어느 날 한 스님이 탁발을 나왔다가, 어린 홍만더러 〈신묘장구대다라니〉를 외우라고 하였습니다. 홍만은 가족들과 주위 사람들의 멸시를 받던 터라, 그때부터 3년, 1000일 동안 불철주야(不撤晝夜) 〈대다라니〉를 외웠습니다.

그러던 어느 날 밤, 꿈에 어떤 스님이 정병(淨甁) 하나를 손에 들고 나타나서는 말했습니다. "네가 그토록 정성스럽게 관세음보살을 부르며 대다라니를 외우니, 내가 업장을 녹여주겠노라." 그러고는 다리에 정병의 감로수(甘露水)를 기울여 부어 주니, 홍만은 온몸이 다 시원함을 느꼈습니다. 아침에 깨어, 일어나 두 다리로 걸어 보니, 병은 간 곳이 없고 '정상인' 이 되었습니다. 그 후 그는 곧 출가하여 '대비 보살(大悲 菩薩)'의 칭호를 받아, 많은 기적을 이루었습니다.

두 번째 얘기는, 화엄스님의 실화입니다.

화엄스님은 일본 오사카에서 의과대학을 다니다가, 학도병에 뽑혀 남양군도로 끌려갔습니다. 거기서 크게 부상을 입고, 파편 제거 수술을 받았으나 후유증이 심해 '불구(不具)'가 되고 말았습니다.

귀국하여 수양차, 범어사 미륵암으로 들어갔고, 그곳에서 한 스님에게서 "〈신묘장구 대다라니〉를 외우면 다리가 나을 수 있을 것이다."는 말을 듣고, 〈관음 정근〉과 더불어 〈대다라니〉를 외우기 시작하였습니다.

6개월이 지난 어느 날, 비몽사몽간에 신중탱화 속에서 신장(神將) 한 분이 나오더니, 칼로 다리를 해부하듯 헤집었습니다. "아이구~ 아야!" 하면서 깨고 보니, 꿈이었습니다. 신기하게도, 그토록 아팠던 다리가 괜찮아졌습니다. 걸어보니 언제 그랬냐는 듯 멀쩡했습니다.

화엄은 중얼거렸습니다. "인간의 의술(醫術)이란 대의왕(大醫

王)이신 불보살(佛菩薩)의 능력에 비한다면, 태양 앞에 반딧불 같은 것! 의사가 되느니 정녕 출가하여, 부처님의 제자가 됨이 옳음이라." 이렇게 생각한 화엄은 곧 출가하여, 당대의 선지식인 동산스님의 상좌가 되었습니다. '화엄' 은 그때 받은 법명입니다. 최근까지 사신 분입니다.

이상, 이야기는 끝났습니다.

관세음보살님은 소아마비 등 지독한 업병(業病)은 물론, 의술이 감당 못 하는 불치(不治)의 병을 치유하는 능력을 가지고 있습니다. 이때 불리는 이름이 '일여 관세음보살' 입니다.

요즘도 전생의 업(業)으로 인해 고질병에 시달리는 사람이 많습니다. 암까지도 그렇습니다. 믿음을 가지고 〈관음 정근〉을 하고, 대비주(大悲呪)인 〈신묘장구 대다라니〉를 외우면, 큰 가피를 입을 수 있습니다. 저 또한 그러한 것을 직접 체험한 것은 물론, 많은 분들로부터 그와 같은 기도 영험을 듣고 있습니다.

기도 가피의 열쇠는 자신이 쥐고 있습니다. 일여(一如)의 자리에 들기 위해서는 오직 일여(一如) 즉, 한결같아야 합니다. 기도는, 될 때까지 하는 겁니다. 좌고우면(左顧右眄)하지 말고, 추호의 의심도 없이 하면, 과거 전생의 업장을 녹일 수 있습니다. 그리하여 끝내 고질적이고도 지독한 병마는 물러가고, 완전한 자유와 진정한 행복을 누릴 수 있습니다.

불자 여러분, 무조건 관세음보살 외우고, 〈대다라니〉를 염송, 사경 하시기를 거듭 권해 드립니다.

오늘은 33관세음보살님 중 '일여 관세음보살'에 대해서 말씀드렸습니다.

건강하시고, 내일 다시 뵙겠습니다. 관세음보살….

---

*참고 : '신묘장구 대다라니'와 관련하여 이미 여러 차례 법문을 해 주신 바가 있으니, 참고하시길 바랍니다.

(1) 2020. 03. 18. 《생활법문》〈신묘장구 대다라니 영험〉

(2) 2020. 12. 30. 《생활법문》〈신묘장구대다라니의 대박 공덕〉

(3) 2021. 02. 08. 《생활법문》〈우학스님이 가장 많이 독송하는 경전 및 다라니를 소개합니다.〉

(4) 2021. 04. 26. 《생활법문》〈대다라니를 외우면 15가지 좋은 일을 성취한다.〉

(5) 2021. 06. 07. 《생활법문》〈대다라니를 외우면 건강하고, 명(命)대로 살 수 있다.〉

아뇩관음

阿耨觀音

중생들로 하여금, 마주하는 상황 앞에서
최고의 지혜가 발동하도록 해 주시는 관세음보살님

관세음보살…
국내외 유튜브불교대학 시청자 여러분 반갑습니다.

오늘은 '지혜로써 팔자를 고치다', '아뇩(阿耨) 관세음보살'에 대해서 말씀드리겠습니다.

아뇩 관세음보살은 제가 쭉 설명을 해 온 33관세음보살님, 삼삼 관세음보살님 중에 한 분입니다. 재미있는 이야기를 먼저 좀 해 드릴 테니, 잘 한번 들어보시길 바랍니다.

어느 시골 몰락한 양반 가문에 혼기(婚期)가 꽉 찬 딸이 있었습니다.
그 딸은 전생부터 부처님과 인연이 있었던지, 스님들이 탁발이라도 올라치면 부모 몰래 쌀 한 줌이라도 정성껏 시주하였습니다. 그리고 율무를 심어, 거기서 나온 열매로 염주를 만들어서는 조석(朝夕)으로 관음 기도를 하였습니다. 하도 착하고 불심(佛心)이 있어서, 사람들이 '선재 보살'이라고 불렀습니다.

한편, 이웃 마을에 '법도(法度) 따지기'를 아주 좋아하는 양반집이 있었습니다. 그 집에는 장성한 아들이 있어 혼처를 구하는 중이었습니다. 하지만 시부모가 될 두 어른이 어찌나 양반 행세를 하며 법도를 따지는지, 동네 사람들이 하나같이 학을 뗄 지경이었습니다. 두 어른의 성미가 너무 원리원칙이고 까탈스러우니, 이 집 아들과 혼인을 주선하겠다는 중매쟁이가 전혀 나타나지 않았습니다.

그러자 이 양반집에서는 답답한 나머지 방을 붙였습니다. "며느리를 구합니다. 재산이나 가문은 보지 않겠으니, 예절 바른 아가씨면 됩니다. 선착순입니다." 이렇게 하여 소문이 퍼지자, 선재 보살의 귀에까지 들어갔습니다.

선재 보살은 부모님께 정중하게 말씀을 올렸습니다. "아버님 어머님, 제가 그 집으로 시집가겠습니다. 허락해 주십시오." 그러나 부모는 그 집 두 어른의 성격을 아는지라, 극구 만류했습니다. 하지만 딸이 끝끝내 고집을 피우니 허락을 하였습니다. 선재 보살은 드디어 그 집으로 시집을 가는데, 무슨 생각으로 **도마 하나, 칼 하나, 삼베 한 폭**을 준비했습니다.

결혼식 절차가 모두 끝나고, 시댁에서 첫날밤을 보냈습니다. 양반 가문의 법도에 따라, 새 며느리는 3년간 새벽마다 시아버님께 문안 인사를 드려야 했습니다. 그래서 그다음 날 새벽, 시아버지 되는 사람이 의관(衣冠)을 정제하고 며느리를 기다리는데, 이 며느리가 오지를 않는 것이었습니다. 기다리다 기다리다 참다못한 시아버지는 하인을 시켜 며느리더러 인사하러 오라고 했습니다.

그런데 며느리가 심부름 온 하인에게, "아버님이 먼저 조상님께 인사드려야 그 아랫사람인 며느리도 아버님께 인사드릴 수 있습니다. 그게 양반 법도가 아닙니까?"라고, 아버님께 말씀드리라 했습니다.

시아버지가 들어보니, 맞는 말이었습니다. 그래서 시아버지는 며느리에게 문안을 받겠다고, 산 중턱에 모셔놓은 사당(祠堂)까지 올라갔습니다. 길이 미끄러워 몇 번이고 넘어지면서 온 얼굴에는 거미줄이 잔뜩 걸렸습니다. 시아버지가 사당에서 내려오자, 새 며느리인 선재 보살은 옷을 단정히 차려입고 사랑채로 가서 다소곳이 절을 올렸습니다.

그런데, 시아버지는 새 며느리에게 문안 인사받는 것은 둘째치고, 산 중턱 사당까지 가서 조상 어른들께 인사 올리는 게 정말 고역이었습니다. 겨우 4일 하고는, 며느리에게 말했습니다. "얘야, 내일부터는 새벽 문안 안 와도 된다." 법도 따지기 좋아하는 양반도 자기 몸이 힘드니 어쩔 수가 없었던 것입니다.

한참 후, 제사가 돌아왔습니다. 일주일 전부터 시어머니는 깔끔을 떨며 새 며느리더러 "깨끗하게 하라." 하면서 들들 볶아댔습니다. 드디어 제삿날, 음식을 장만하는데 시어머니가 고기 썰었던 도마에 다른 채소를 썰려고 하니, 며느리가 정색을 하며 말했습니다. "어머니, 깨끗하게 하셔야죠. 이것은 양반 법도가 아니지 않습니까? 제사상 준비하는 도마와 칼은 그 음식마다 각각이어야 합니다."

그러자 시어머니는 참 난처했습니다. 그 집에는 칼과 도마가 한 벌뿐이었기 때문입니다. 며느리가 말했습니다. "혹시 싶어서, 제가 시집올 때 도마와 칼을 가지고 온 게 있습니다. 우선 그것으로 쓰시지요."

시어머니는 순간 기가 팍 죽었습니다. 양반 법도 따지는 집안에 '양반 법도'를 들고 나오니, 할 말이 없었던 것입니다. 그날 그 시어머니는 도마와 칼을 대여섯 벌 더 사느라고 분주히 애를 먹었습니다. 양반 이미지(Image)도 다 구겨졌습니다.

시어머니가 그날 제사를 끝내고, 새 며느리에게 말했습니다. "아가야, 앞으로 우리 집 살림 사는 것에 대해 일절 간섭하지 않고, 너한테 맡기겠다. 그러니 오늘 일어난 일은 누구에게도 말하지 말거라." 아무튼 이렇게 해서, 새 며느리는 시어머니의 못된 곤조를 꺾었습니다.

시간이 지나 가을이 되자, 첫 벼 수확을 하게 되었습니다. 예로부터, 벼 수확이 끝나면 제사 때 쓸 제미용 나락을 가장 먼저 장만하는데, 그 과정이 여간 까다로운 일이 아니었습니다. 시부모들이 대충 멍석에 벼 낱알을 널어서 말리려고 하자 며느리가 말했습니다.

"아버님 어머님, 제미용 나락은 삼베 위에서 말리는 게 양반 법도인 줄 압니다. 그것도 삼베 위에 한 말쯤 나락을 올려놓고, 마를 때까지 초헌관 아헌관이 양쪽에서 잡고 흔들어 말린다고 배웠습니다. 저희 친정집에서는 매년 그렇게 합니다. 한 달 동안 말려야, 1년 제사용 제미 나락 열 말 정도를 장만할 수 있습니다."

그 말을 들은 시아버지가 말했습니다. "그래 맞다. 제사에는 정성이 들어가야지. 그런데 아가야 나락을 올려놓을 삼베가 우리 집에는 없는데 어떡하지?" 그러자 며느리인 선재 보살이 얼른 말했습니다. "아버님, 제가 시집올 때 준비해 온 삼베가 있습니다."

그리하여 며느리가 내놓은 삼베 위에 나락 한 말을 올려놓고, 초헌관인 시아버지와 아헌관인 시어머니가 베의 양 끝을 잡고 흔들면서 하루 내내 말렸는데, 바싹 말리지도 못한 채 해가 저물었습니다.

그런데 그다음 날 두 어른이 몸살이 났는지, 엉금엉금 기다시피 마당에 나와서는 한숨을 푹푹 내쉬면서 푸념하듯 말했습니다. "아가야, 안 되겠다. 우리 집안에서 열두 번 지내는 제사 준비도 네가 다 관리하거라. 죽은 사람 제미 쌀, 제미 나락 준비하다가 우리 두 노인네 다 죽을 판이다."

이렇듯, 새 며느리 선재 보살은 지혜를 잘 쓴 덕분에 그 기세등등하던 양반집의 주인 며느리가 되었습니다. 처음에는 모든 사람들이 다 '쫓겨나서 친정으로 돌아갈 것이다.' 하며 걱정들이었는데, 그게 아니었습니다.

누가 새 며느리에게 "어떻게 그런 지혜가 나오느냐?"고 물으면, 새 며느리는 율무 염주를 보여주며 겸손한 듯 말했습니다. "예, 이 염주 돌리면서 조석으로 관세음보살을 외우면, 관세음보살님께서 현몽(現夢)해서 가르쳐주시기도 하지만, 상황이 닥칠 때마다 그 순간순간 지혜가 발동됩니다. 다 관세음보살님의 힘이요, 가피이지 저는 아무것도 아닙니다."

아무튼 이렇게 해서, 까탈스럽게 법도 따지며 경직되어 있던 양반 집안이 한 며느리의 지혜 덕분에 인간미 넘치는 부드러운 집안으로 변화하였습니다.

모든 사람들이 차츰차츰 그 며느리를 지혜 보살 즉, '아뇩 관세음보살(阿耨觀音)'이라고 불렀습니다. 이 '아뇩(阿耨)'은 '아뇩다라삼먁삼보리(阿耨多羅三藐三菩提)의 줄임말'로, 무상정등정각(無上正等正覺) 즉, 최고의 깨달음, 최고의 지혜를 나타냅니다.

우리가 살아가면서 '지혜'만큼 중요한 것이 없습니다. 그러기 위해서는 부지런히 '관세음보살'을 외워야 합니다. 우리가 사시불공 때마다 외우는 경(經) 중에 『반야심경』이 있지 않습니까? 지혜를 가르치는 『반야심경』의 주인공이 '관자재보살(觀自在菩薩)' 즉, '관세음보살(觀世音菩薩)'이라는 점을 절대 놓쳐서는 안 됩니다.

아뇩 관세음보살은 33관세음보살님, 삼삼 관세음보살님 중 한 분입니다. 33관세음보살님에 대해서는 이미 23분을 소개해 드린 바가 있으니, 다 찾아서 들어보시길 권해 드립니다.

끝으로 말씀드립니다.

오늘 법문에 등장한 선재 보살은 '조석으로 관음 기도를 했다'라고 했습니다. 관음 기도로는 관세음보살님의 명호를 외우는 [관음 정근]이 널리 알려져 있습니다. 그런데 '관·세·음·보·살', 이 다섯 자를 쓰는 것 또한 큰 수행입니다. 관세음보살님의 명호를

252

반복해서 쓰는 것 역시 일종의 사경 수행으로 큰 가피를 입을 수 있습니다.

제가 한 가지 제안드립니다. 오늘부터 관세음보살님의 명호를 매일 108번씩 써 보십시오. 또박또박 쓰다 보면, 어느새 관세음보살님의 지혜가 곧 나의 지혜가 되는 것을 느낄 수 있으실 겁니다.

또, 그렇게 관세음보살님 명호를 매일 사경 한 그 노트를 잘 모셔두었다가, 이곳 B·U·D 세계명상센터〔11층 사경공덕대탑〕에 봉안하시길 권해 드립니다. 저희 유튜브불교대학 한국불교대학 大관음사에서는 4월과 10월, 1년에 2차례 사경 봉안 법회가 열립니다.

언제나 관음 기도를 생활화하시어, 지혜로운 삶 되시길 바랍니다.

늘 건강하시고, 내일 다시 뵙겠습니다. 관세음보살….

감포도량 산중절
종각 뒤로 보이는
보은전의 사경공덕대탑

사경집 봉안 법회 안내

한국불교대학 유튜브불교대학 大관음사에서는 사경 하신 책들을 감포도량 무일선원 무문관 〔11층 사경공덕대탑〕에 봉안해 드립니다. 1년에 2차례, 사경집을 봉안하는 특별 법회가 있습니다.

(1) 일시 : ① 4월 셋째 주 일요일 오후 2시
            ② 10월 셋째 주 일요일 오후 2시

(2) 1인 7권까지 봉안 가능

(3) 백일기도 및 봉안 기도비 별도

(4) 문의 : 한국불교대학 大관음사 대구큰절 (053) 474 - 8228

無一 우학 큰스님의
금강경 12폭 사경
(1 ~ 6)

金剛般若波羅蜜經

逆其福勝彼何況書寫受持讀誦為人解說須菩提以要言之是經有不可思議不可稱量無邊功德如來為發大乘者說為發最上乘者說若有人能受持讀誦廣為人說如來悉知是人悉見是人皆得成就不可量不可稱無有邊不可思議功德如是人等即為荷擔如來阿耨多羅三藐三菩提何以故須菩提若樂小法者著我見人見眾生見壽者見則於此經不能聽受讀誦為人解說須菩提在在處處若有此經一切世間天人阿修羅所應供養當知此處即為是塔皆應恭敬作禮圍繞以諸華香而散其處復次須菩提善男子善女人受持讀誦此經若為人輕賤是人先世罪業應墮惡道以今世人輕賤故先世罪業即為消滅當得阿耨多羅三藐三菩提須菩提我念過去無量阿僧祇劫於然燈佛前得值八百四千萬億那由他諸佛悉皆供養承事無空過者若復有人於後末世能受持讀誦此經所得功德於我所供養諸佛功德百分不及一千萬億分乃至算數譬喻所不能及須菩提若善男子善女人於後末世有受持讀誦此經所得功德我若具說者或有人聞心則狂亂狐疑不信須菩提當知是經義不可思議果報亦不可思議爾時須菩提白佛言世尊善男子善女人發阿耨多羅三藐三菩提心云何應住云何降伏

其心佛告須菩提若善男子善女人發阿耨多羅三藐三菩提心者當生如是心我應滅度一切眾生滅度一切眾生已而無有一眾生實滅度者何以故須菩提若菩薩有我相人相眾生相壽者相即非菩薩所以者何須菩提實無有法發阿耨多羅三藐三菩提心者須菩提於意云何如來於然燈佛所有法得阿耨多羅三藐三菩提不不也世尊如我解佛所說義佛於然燈佛所無有法得阿耨多羅三藐三菩提佛言如是如是須菩提實無有法如來得阿耨多羅三藐三菩提須菩提若有法如來得阿耨多羅三藐三菩提者然燈佛即不與我授記汝於來世當得作佛號釋迦牟尼以實無有法得阿耨多羅三藐三菩提是故然燈佛與我授記作是言汝於來世當得作佛號釋迦牟尼何以故如來者即諸法如義若有人言如來得阿耨多羅三藐三菩提須菩提實無有法佛得阿耨多羅三藐三菩提須菩提如來所得阿耨多羅三藐三菩提於是中無實無虛是故如來說一切法皆是佛法須菩提所言一切法者即非一切法是故名一切法須菩提譬如人身長大須菩提言世尊如來說人身長大即為非大身是名大身須菩提菩薩亦如是若作是言我當滅度無量眾生即不名菩薩何以故須菩提實無有法名為菩薩

是故佛說一切法無我無人無眾生無壽者須菩提若菩薩作是言我當莊嚴佛土是不名菩薩何以故如來說莊嚴佛土者即非莊嚴是名莊嚴須菩提若菩薩通達無我法者如來說名真是菩薩須菩提於意云何如來有肉眼不如是世尊如來有肉眼須菩提於意云何如來有天眼不如是世尊如來有天眼須菩提於意云何如來有慧眼不如是世尊如來有慧眼須菩提於意云何如來有法眼不如是世尊如來有法眼須菩提於意云何如來有佛眼不如是世尊如來有佛眼須菩提於意云何如恒河中所有沙佛說是沙不如是世尊如來說是沙須菩提於意云何如一恒河中所有沙有如是沙等恒河是諸恒河所有沙數佛世界如是寧為多不甚多世尊佛告須菩提爾所國土中所有眾生若干種心如來悉知何以故如來說諸心皆為非心是名為心所以者何須菩提過去心不可得現在心不可得未來心不可得須菩提於意云何若有人滿三千大千世界七寶以用布施是人以是因緣得福多不如是世尊此人以是因緣得福甚多須菩提若福德有實如來不說得福德多以福德無故如來說得福德多須菩提於意云何佛可以具足色身見不不也世尊如來不應以具足色身見何以故如來說具足色身即非具足色身是名具足色身須菩提於意云何

불이관음
不 二 觀 音
중생들에게 '둘이 아님'을 가르치시는 관세음보살님

관세음보살…

국내외 유튜브불교대학 시청자 여러분 반갑습니다.

금일 법문의 주제는 '관세음보살은 이미 한량없는 가피를 나에게 퍼붓고 계십니다.', '불이 관음(不二觀音)'에 대해서 말씀드리겠습니다.

세상의 위대한 법문 중에 '不二(불이)', '아니 불(不), 두 이(二)', '둘 아니다.'라는 '불이 법문(不二 法門)'이 있습니다. 물론이 '불이 법문'은 불교 특유의 것이자, 다른 종교에서 흉내 낼 수 없는 대단한 철학입니다.

다음의 유마힐 즉, 유마 거사의 법문을 들어보십시오.

"모든 중생이 아프므로, 나도 아프다. 중생의 병이 없어지면, 내병도 없어질 것이다. 중생이 병에서 벗어날 수 있다면, 보살도 병이 없을 것이다. 보살의 병은 '대비심(大悲心)'에서 생긴다."

여기서 이 '대비심(大悲心)' 즉, '대자대비심(大慈大悲心)'에 가장 잘 어울리는 부처님은 당연히 '관세음보살(觀世音菩薩)'입니다. '관세음보살'이라는 이 명호 속에 이미 그러한 뜻이 함축되어 있습니다. 세상의 음성(世音)을 관(觀) 하시는 분, 그래서 "관세음보살" 하고 부르는 이가 있다면, 곧바로 들으시고는 언제 어디라도 달려가서 구제해 주시는 분, '관세음보살(觀世音菩薩)' 이십니다. 관세음보살님은 중생과 자신을 둘로 보지 않으시기 때문입니다. 마치 갓난아기를 돌보는 어머니가 자신과 자식을 둘로 보지 않는 것과 같습니다. 그리하여 등장하는 이름이 '불이 관세음보살' 입니다. '33관세음보살님' 즉, '삼삼 관세음보살님' 중 한 분입니다.

33관세음보살님이 다 한 관세음보살이지만, 특별히 '不二(불이)' 의 의미를 강조해서 부를 때 이름이 '불이 관세음보살' 이라는 것입니다.

'둘이 아님', '不二(불이)', 흔히 쓰는 말입니다. "자타불이(自他不二), 너와 내가 둘이 아니다. 심신불이(心身不二), 마음과 몸이 둘이 아니다." 이 얼마나 멋있는 말입니까? 또 들어보십시오. "'부처님'과 '중생'이 둘이 아니다. '내 받은 이 몸, 정보(正報)' 와 '내 사는 환경, 의보(依報)' 가 둘이 아니다." 말이 조금 어려워지지요? 쉽게 말씀드릴 테니, 끝까지 좀 잘 들어보십시오.

제가 주로 기거하는 『유튜브불교대학 한국불교대학 大관음사 무일선원』에는 여러 동산이 있습니다. 오실 때, 팻말을 좀 잘 보십시오. 화엄 동산, 법화 동산, 금강 동산, 관음 동산, 극락 동산 등이 있는데, 그중 특별히 '불이 동산' 이 있습니다.

'불이 동산' 이 어디 있느냐 하면, 〖11층 사경공덕대탑〗이 위치한 〖보은전(報恩殿)〗이라는 전각 바로 건너편에 있습니다.

불이 동산을 가려면, 계곡의 다리를 건너야 하는데, 그 다리 이름이 〖해탈교(解脫橋)〗입니다. 해탈교를 건너면, 그 일대가 '불이 동산' 입니다. 편백나무, 감나무, 철쭉, 에메랄드그린, 측백나무, 홍가시나무, 사과나무, 동백나무 등이 잘 심겨 있습니다. 감포도량 무일선원에 서너 번째 오시는 분들은 시간을 내어, 바람개비가 돌아가는 아름다운 다리인 '해탈교' 를 꼭 걸어보시길 바랍니다.

해탈교의 '解脫(해탈)' 은 '대 자유', '깨달음' 을 의미합니다. 대 자유, 깨달음의 세계는 본래로 不二(불이), 둘이 아닙니다. 그래서 '不二(불이)', '둘이 아님' 을 나타내는 여러 성보(聖寶)와 전각(殿閣)이 불이 동산에 있습니다. 눈여겨 좀 잘 보십시오.

첫째, 해탈교를 막 건너면 '불이(不二) 인연불(因緣佛)' 을 만납니다. 꼭 닮은 두 부처님인데, 사람의 한 쌍처럼 서 계십니다. 만일 인간이라면 어느 분이 남자인지, 어느 분이 여자인지를 짐작해 보시길 바랍니다.

원만하게 아주 잘 조성된 부처님인데, 평생 같이 산 부부처럼 얼굴 상호가 꼭 닮았습니다. 말 그대로 '不二(불이)' 입니다. 짝, 배우자와 같이 가서 친견하면, 분명히 '둘인 듯 둘이 아닌 듯' 잘 살 겁

니다. 조촐한 야외 결혼식장으로도 좋습니다. 짝, 배우자를 원하는 사람들도 많이 찾는 '불이 인연불(不二 因緣佛)'입니다.

둘째, 나란히 닮은 두 개의 큰 선방(禪房)입니다. 이 선방 이름은 '이불병좌 선방(二佛竝坐 禪房)'인데, 곧 '불이 선방(不二 禪房)'입니다. 전각의 현판을 보면, 한 곳에는 〖용화전(龍華殿)〗이라고 쓰여 있고, 또 한 곳에는 〖연화전(蓮華殿)〗이라고 쓰여 있습니다.

〖용화전〗안에는 미래에 오실 '미륵 부처님(彌勒佛)'이 계십니다. 그리고 〖연화전〗안에는 과거에 오셨던 '연등 부처님(燃燈佛)'

이 계십니다. 이러한 〖용화전〗과 〖연화전〗이 나란히 있다는 것은, '미래불과 과거불이 둘이 아님 즉, 不二(불이)이고, 미래 시간과 과거 시간이 둘이 아님 즉, 不二(불이)이다.' 라는 것을 나타냅니다.

셋째, 〖용화전〗과 〖연화전〗 그 앞에는 '가섭 존자와 아난 존자' 가 닮은 모습으로 앉아 계십니다. 다 아시다시피 가섭 존자는 '선(禪), 참선의 대표 주자' 이고, 아난 존자는 '교(敎), 교리의 대표 주자' 입니다. 이 두 분이 나란히 앉아 계신다는 것은, '참선과 교리가 둘이 아니다. 不二(불이)이다.' 라는 것과 '마음법과 말씀법이 둘이 아니다. 不二(불이)이다.' 라는 것을 나타냅니다.

넷째, 해탈교 건너서 바로 왼쪽에 보면, 아주 큰 하트 108 염주
가 걸린 '상여(喪輿) 집'이 있습니다. 이는 '삶과 죽음, 생사(生死)
가 둘이 아님'을 나타냅니다. 이곳은 웰다잉(Well-dying) 체험도 할
수 있는 매우 특별한 명상 장소입니다.

이상, 불이 동산에 모셔진 여러 전각 및 성물(聖物)들을 소개해
드렸습니다. 그런데 이 불이 동산에는 아이러니(Irony)하게도 관세
음보살이 계시지 않습니다. 이미, 관세음보살님께서 이곳을 찾는
신도님들의 가슴속에 들어가셨기 때문입니다.

해탈교를 건너서 둘 아님, 不二(불이)의 세계를 체험하고 또 보
듯이, 우리들이 관세음보살과 둘이 아닌 경지에 들어가려면, 무아

(無我) 즉, 자신을 잊어버릴 만큼, 관세음보살 외우는 정근 기도에 몰입해야 합니다.

저 빛나는 태양이 항상 생명의 에너지를 퍼붓고 있지만, 그래서 온 세상이 본래 밝아 있지만, 눈을 감은 사람에게는 아무 소용이 없습니다. 그렇듯이, 우리 관세음보살님께서 중생과 함께 하고져 하는 '不二(불이)의 원력(願力)'을 가지시고 항상 가피를 내리붓고 계시지만, 관세음보살을 외우지 않고 관세음보살을 외면하면서 마음의 문을 닫고 있는 중생에게는 아무런 공덕이 없습니다.

결론입니다.

불이 관세음보살님은 중생을 향한 대비심(大悲心), 대자비심(大慈悲心)의 원력으로 계십니다. 우리가 지혜의 눈을 뜨고, 신심의 가슴을 열면, 관세음보살님은 곧 나와 한 몸이십니다. 不二(불이)입니다. 그러한 경지에서는 안 되는 일이 없고, 하는 일마다 즐겁습니다. 항상 관세음보살님을 외우십시오. 그러면 관세음보살님이 不二(불이)의 기적을 보이실 것입니다.

오늘 법문 아주 중요합니다. 불이 관세음보살님! 다시 한번 들어보시길 바라고요.

268

마지막으로 말씀드립니다.

제가 늘 말씀드리는 〖5대 수행〗, [관음 정근] 기도 늘 하루에 1시간 이상씩 하시고, 아울러 금강경 · 대다라니 [독송] 하시고, 대승경전 [사경] 하시고, [절 및 예배] 하시고, 또 선관쌍수 등 [참선] 꼭 하시길 바랍니다.

늘 건강하시고, 내일 다시 뵙겠습니다. 관세음보살….

유리관음

琉璃 觀 音

깨끗하고 숭고한 인품을 갖게 하시는 관세음보살님

관세음보살…
국내외 유튜브불교대학 시청자 여러분 반갑습니다.

오늘은 33관세음보살님 가운데 '유리(琉璃) 관세음보살'에 대해서 말씀드리겠습니다.

먼저 재미난 얘기 하나를 해 드리겠습니다.

중국 남해안 바닷가 근처에 금실이 좋은 부부가 살고 있었습니다. 그런데 두 부부는 결혼한 지 5년이 지났지만, 자식이 없었습니다. 그래서 두 부부는 자식을 얻을 마음으로 십여 리 밖에 있는 절에 다니면서 열심히 관세음보살 기도를 하였습니다. 마침 그 절에는 '유리로 된, 물병 모양의 지물(持物)'을 들고 계시는 관세음보살님이 모셔져 있었습니다.

'유리'는 '푸른빛이 나는 보석'으로, 저『법화경(法華經)』등 대승 경전에서는 7가지 대표적 보물 즉, 칠보(七寶) 중 하나로 등장합니다. 그래서 '유리 관세음보살(琉璃觀音)'이라 하면, 부처님 온 법체(法體)가 다 유리 보석으로 되어 있는 수도 있지만, 유리 보석으로 된 물병 모양이나 향로 모양의 지물(持物)을 들고 있어도, '유리 관세음보살'이라고 합니다. 유리 관세음보살님은 보석인 유리의 성질과 빛깔이 내듯이 '고결 즉, 고상하고 깨끗함'을 상징합니다.

아무튼 두 부부는 자주 그 절을 나갔는지라, 그 절의 스님으로 부터 '유리 관세음보살님(琉璃觀音)의 덕(德)'에 대해서 많이 들어 왔습니다. 그들은 '자신들도 유리 관세음보살님을 닮아 인품이 고 결한 불자가 되겠다.'고 늘 다짐하였습니다. 그래서 탐욕심(貪慾 心)도 내지 않고, 화내는 일(瞋心)도 자제하였습니다.

그러던 어느 날, 거지 차림의 한 여인이 만삭이 된 상태로 이 부 부의 집을 찾아왔습니다. 사정을 물어보니, 남편이 과거 시험을 보 러 간 지가 1년쯤 되었는데, 과거 시험 보러 간 남편이 돌아오지 않 아 남편을 찾아 헤매던 중이라 하였습니다.

두 부부는 자신들의 집에서 그 여인이 해산할 때까지 거처하도 록 선처하였습니다. 며칠 후, 거지 여인은 건강한 사내아이를 출산 하였습니다. 두 부부는 마치 자기들이 애를 낳은 듯, 사방에 금줄을 치고, 아이와 어미의 산바라지를 지극정성 해 주었습니다.

아! 그런데 호사다마(好事多魔)라는 말이 있듯이, 그 어미가 아 이를 낳은 지 이레 만에 산독으로 죽고 말았습니다. 두 부부는 슬픔 을 감추지 못했습니다. '아이라도 잘 키워야겠다.'는 보살심(菩薩

心)으로 동네방네 업고 다니며 동냥젖을 얻어 먹였습니다. 그리고 밤낮으로 어르고 달래며 고이고이 잘 키웠습니다.

그런데 아이가 걸음마를 할 무렵, 유리 관세음보살님께 기도한 덕분인지, 뜻밖에도 두 부부 사이에서도 아들이 생겼습니다. 두 부부는 자기 아들이 생겼음에도, 먼저 난 아이를 항상 '장남'으로 생각하며 키웠습니다. 그래서 첫째 아이 이름을 '일규'라 하고, 둘째 아이 이름을 '이규'라 하였습니다. 아이들은 친형제처럼 잘 지냈습니다.

세월이 흘러 아들들이 스무 살을 넘기자, 두 부부는 어느 날 저녁 일규와 이규를 앉혀 놓고 그간의 가족 사정을 얘기하였습니다. 그날은, 낮에 네 식구가 늘 다니던 절에 가서 유리 관세음보살님 전에 함께 108배를 하기도 했습니다.

20년 전의 가족 사정을 다 얘기한 뒤, 부부는 또 말을 이었습니다. 물론 일규, 이규 두 형제는 참으로 큰 충격을 받았습니다. 그런데 더 큰 충격을 준 것은 다음의 말이었습니다. "일규, 이규는 우리 집안의 똑같은 자식이다. 일규가 맏이이니, 당연히 이 집과 재산 대부분을 가지거라. 이규는 차남이니, 먹고 살 만큼만 준다."

이 부모님의 말에 차남 이규는 그것을 당연한 듯이 받아들였습니다. 그런데 '맏이 일규'는 자기 때문에, 진짜 자식인 '동생 이규'가 피해를 본 것만 같아서 며칠간 잠을 이룰 수가 없었습니다. 그래서 자기가 그 집을 떠나기로 마음먹고, 집을 나왔습니다.

몇 동네를 걷고 걸어서 절벽을 등진 바닷가에서 잠시 쉬고 있는데, 웬 원숭이 떼들이 이리저리 뛰어다니며 울부짖었습니다. 살금살금 다가가 보니, 어미 원숭이가 물가에 먹이를 구하러 갔다가 대게 수십 마리에 잡혀 죽을 지경이 되었습니다.

일규 청년은 그 대게들을 다 처치해서 물리치고, 어미 원숭이를 살려냈습니다. 새끼 원숭이들과 동료 원숭이들은 괴성을 지르면서 기뻐하였습니다.

그런 후 잠시 바위 위에서 쉬는데, 아까 그 어미 원숭이가 살금살금 다가오더니 짚신 두 켤레가 든 보따리를 낚아채 가버렸습니다. 한참 있다가 보니, 그 원숭이가 다시 나타나 보따리를 두고 갔습니다.

보따리를 둘러메고 다시 길을 가는데, 관가의 병사들이 다짜고짜 일규 청년을 붙잡아서 심문하였습니다. 아, 그런데 이게 무슨 일인지, 그 보따리에는 귀중한 보석이 몇 개 들어 있었습니다. 병사들이 말했습니다. "이웃 나라에서 우리나라 황제에게 바친 선물인데 갑자기 없어져서 일대를 수색 중이다. 네가 범인이었구나!"

그리하여 일규 청년은 꼼짝없이 관가에 끌려갔습니다. 참으로 어이가 없었습니다. 구체적으로 원숭이 이야기를 하였지만, 소용이 없었습니다. 이제는 죽는 날만을 기다렸습니다. 지은 죄가 중하다 하여, 공개 처형을 받게 되었습니다.

그 사이 두 부부는 맏이 일규를 찾아 이 고을 저 고을을 헤매던 중에, '고을 수령의 입회하에 한 청년이 사형 당한다.'는 얘기를 듣고 구경 삼아 가 보게 되었습니다.

아, 그런데 청년을 보는데 깜짝 놀랐습니다. "일규야!!!" 곧장 고을 수령 앞에 두 부부가 엎드려 통곡하면서 말했습니다. "이 자식은 제 자식인데, 그럴 리가 없습니다. 수백 마지기 논밭과 고랫등 같은 기와집도 마다하고 집 나간 아이입니다."

고을 수령이 말했습니다. "자초지종을 다 말해보시오." 긴 얘기를 듣던 고을 수령이 물었습니다. "당신네들 집에 찾아왔던 그 거지 여인이 어디서 살았다고 하던가?" 두 부부가 과거 기억을 되살려 고을 수령에게 얘기하니, 고을 수령이 눈물을 흘리면서 말했습니다. "그대 청년 일규는 내 아들이다."

전후 사정을 맞춰 보니 이러했습니다. 고을 수령은 20여 년 전에 혈혈단신으로 살다가, 결혼한 뒤 곧바로 과거 시험을 본답시고 떠났습니다. 그 후 급제를 하고 돌아오는 길에 전염병을 얻어 사경을 헤매다가, 1년여 만에 집으로 와 보니, 집은 이미 남의 소유가 되어 있었습니다.

그리고 그 부인은 과거 시험을 보러 간 남편을 찾아, 집을 떠나, 거지 차림으로 헤매다가 이 두 부부의 집에 들렀던 것입니다. 이 이야기는 온 세상에 퍼져나갔습니다. 사람들은 이 두 부부의 고결한 인품에 큰 감동을 받았습니다. 그리고 일규, 이규 두 아들에 대한 칭찬도 끝이 없었습니다.

나중에서야 사람들은 이 가족들이 '유리 관세음보살님께 늘 예경, 기도하였다.'는 것을 알게 되었고, 이구동성으로 '유리 관세음보살의 큰 가피'를 찬탄하였습니다. 어떤 사람들은 이 가족들을 '유리 관세음보살 가족' 이렇게 부르기도 하였습니다.

전체 이야기는 끝났습니다.

관세음보살님에게는 탐(貪)·진(瞋)·치(癡)의 삼독심(三毒心)에 물들지 않는 고결한 성품이 있습니다. '유리 보석'의 덕성을 갖고 계십니다. 관세음보살님을 자주 친견하고, 관세음보살님 기도를 열심히 하다 보면, 유리 관세음보살님의 성품을 닮아 우리 역시 고결함 즉, 숭고하고도 깨끗한 인품을 가질 수가 있습니다. 관세음보살 기도하는 분 중에서 그러한 분들 많습니다. 우리 시청자들도 유리 관세음보살 닮은 훌륭한 인격자들이 되실 것입니다.

이곳 〖B·U·D 세계명상센터 산중절, 무일선원 무문관〗에는 이미 말씀드렸듯이 열다섯 분의 단독 관세음보살님이 계십니다. 그런데 그중에 한 분, 유리 관세음보살님이 계십니다. 사진을 좀 보십시오.

무문관 친견대에서 동쪽으로 보면, 선방 장독대 아래에 부처님이 우리 쪽을 보고 서 계십니다. 그분이 유리 관세음보살입니다. 영화 '무문관'에도 나왔던 관세음보살입니다. 이곳 무일선원에 오실 때, 멀리서나마 그쪽을 보고 삼배(三拜) 하시길 바랍니다.

오늘은 고결함의 상징, 유리 보석 같은 분, 유리 관세음보살님에 대해서 말씀드렸습니다.

내일 다시 뵙겠습니다. 관세음보살….

엽 의 관 음

葉 衣 觀 音

삶의 올바른 방향을 제시해 주시는 관세음보살님

관세음보살…
국내외 유튜브불교대학 시청자 여러분 반갑습니다.

오늘은 33관세음보살님 중에서 엽의(葉衣), 엽의 관세음보살(葉衣觀音)에 대한 법문입니다.

세상 살기 어렵지요? 그런데 우리 부처님은 그러한 어려운 상황을 다 타개해 주신다는 겁니다. 그와 관련한 관세음보살님이 바로 오늘 소개할 '엽의 관세음보살' 입니다.

먼저, 재미나는 얘기 하나를 해 드리겠습니다.

한 스님이 작은 움막을 손수 짓고, 그곳에서 정진하였습니다. 단칸방 안에 손바닥만 한 부처님을 모셨는데, 그 부처님도 이 스님이 직접 찰흙을 이겨 조성하였습니다. 가사 모양을 내기 위해서 마른 갈댓잎을 잘게 썰어서 잘 붙였습니다.

부처님은 관세음보살상(觀世音菩薩像)이었는데, 스님은 '엽의 관세음보살(葉衣觀音)' 이라고 불렀습니다. 이때 '葉(엽)' 은 '잎사귀 엽(葉)' 자이고, '衣(의)' 는 '옷 의(衣)' 입니다. 이 '잎사귀 옷을 입은 관세음보살이라.' 이 말입니다. 소박하게, 나지막하게, 원목

나무토막 위에 계신 엽의 관세음보살님은 비록 그 크기는 왜소하였지만, 잔잔한 미소를 머금은 온화한 상이었습니다.

　스님에게는 '외출용 옷 한 벌'이 있었는데, 그것을 아끼기 위해 엽의 관세음보살처럼 늘 갈댓잎을 촘촘히 엮어서 만든 엽의(葉衣) 즉, 잎사귀 옷을 입고 생활하였습니다. 그래서 근처의 불자들에게는 '엽의 스님', '엽의 도인(葉衣 道人)'이라고 소문이 났습니다.

　한번은 스님이 탁발을 하기 위해서 먼 이웃 동네를 돌다가 큰 부잣집에 들어가게 되었습니다. 주인마님은 큰 스님이 오셨다고 바가지에 쌀을 고봉으로 퍼 왔습니다. 그런데 스님은 그 마님 옆에 있는 한 남자아이를 보고는 혀를 쯧쯧 차더니, 쌀 시주도 거절하고 대문 밖을 나갔습니다.

　그 남자아이는 12살이었는데, 이 부잣집 부부가 아주 늦게 낳은 외동아들이었습니다. 그러다 보니 부부의 과도한 사랑은 당연하였습니다. 그 때문에 아이는 그 마음속으로부터 기고만장의 아상(我相)이 싹트면서, 좋은 집에 태어나기는 했지만, 그 복을 재빨리 까먹고 있었습니다. 급기야는 수명을 단축하는 '동티'를 맞고 말았습니다. 엽의 스님은 숙명통(宿命通)으로 그 아들의 운명을 간파하고는 너무 안타까워서 '쯧쯧…' 하고 혀를 찼던 것입니다.

주인마님이 대문 밖까지 따라 나와서, '무슨 일인지 얘기해달라.'고 매달렸습니다. 스님은 할 수 없이 말했습니다. "저 아이의 남은 수명이 앞으로 석 달입니다. 아이를 살리려거든 저를 따라 보내시고, 3년 동안은 절대 찾을 생각을 마십시오."

주인마님은 바깥주인과 급히 의논하여 자기 아들을 유발 상좌로 하여 큰스님한테 드리기로 결정하였습니다. 석 달 안에 죽는 꼴을 보느니, '어디서든 살아만 있어 주라.'는 부모님의 아들에 대한 마지막 애정이자, 마음 씀이었던 것입니다.

떠나보내기 전, 부잣집 그 부모는 특별한 행사 때만 입는 '비단 옷 한 벌'을 보자기에 싸서 아들에게 주면서, "이것은 네가 본래는 부잣집 아들이었다는 징표이다. 한 번은 입을 때가 있을 것이다."라고 하였습니다.

이리하여, 12살 이 남자아이는 엽의 스님에게 완전히 맡겨졌습니다. 스님은 남자아이에게 자기와 똑같이 갈대 잎사귀로 만든 옷, 엽의를 입히고, 혹독한 수행을 시켰습니다. 밭갈이하고, 지게 지는 것은 물론, 스님이 시키는 온갖 잡무를 해내었습니다.

스님은 아이에게 늘 말했습니다. "네가 너의 업장(業障)을 녹이기 위해서는, 철저히 하심(下心) 하라. 누가 너의 등을 밟으려고 하면, 엎드려 머리를 숙여 등을 내어주라."

그렇게, 약속한 석 달이 다 지나갔습니다. 초저녁, 단칸방인 인법당(人法堂)에서 엽의 관세음보살님 전에 예불을 드리고, 둘이 앉아서 관음 정근을 하던 중, 남자아이는 너무 피곤하여 자신도 모르게 잠이 들고 말았습니다.

꿈속에서 스님이 나타나 말했습니다. "너는 은사인 내 말을 잘들은 덕분에, 생명을 '3년'이나 연장하였다. 하지만 내일 아침, 이 암자를 떠나서 더욱 너를 짓밟는 집으로 가야 한다. 그래야만 너는 명(命)대로 살 수 있을 것이다. 여기서 30리 밖에 '강 씨' 성을 가진 큰 부잣집을 찾아가거라. 그리고 석 달 동안 너를 보살펴주신 엽의 관세음보살님을 꼭 품고 가라. 너의 호신불(護身佛)이 될 것이다. 또한 내가 불던 옥피리도 갖고 가거라."

다음 날 아침잠에서 깨고 보니, 스님은 쪽지 하나를 남겨놓고 가 버렸습니다. 스님의 외출용 법복, 바랑, 주장자가 없어졌습니다. '나는 간다. 꿈에서 지시한 대로 하거라. 또 볼 수 있으리라.'

그리하여 이 남자아이는 물어물어 강씨 집을 찾아가 머슴 되기를 청하였습니다. 그 강 씨 집에는 딸이 셋 있었는데, 첫째 딸, 둘째 딸이 성격이 얼마나 괴팍하고 못됐는지, 은사 스님의 말씀이 아니었다면 몇 번이고 그 집을 뛰쳐나올 뻔하였습니다. 마음에 안 든다고 세면대야 물을 얼굴에 퍼붓고, 엎어놓은 채 발로 짓밟는 일도 잦았습니다. 그러나 셋째 딸은 그러지 않았습니다. 몰래 누룽지도 갖다주고, 말로나마 "수고 많지요?" 하며 미소를 보내 주었습니다.

그런데 그 세월도 어느덧 3년이나 지나갔습니다. 꿈에 은사 스님이 다시 나타나셨습니다. "그래, 잘 참았다. 내일 마지막 관문이 남았다. 너의 부모님이 징표로 주신 비단옷을 입고, 옥피리를 불며 잔칫집에 가게 될 것인즉, 끝까지 잘 하거라. 너는 앞으로 80년을 더 살게 될 것이다. 단, 조건이 있다. 하시라도 '잘났다'는 상(相)을 버리고, 하심(下心)하며, 보살심(菩薩心)을 갖고 살았을 때 그러하다."

정말 그 뒷날 주인 양반의 친구인 하씨의 회갑 잔치가 있었습니다. 온 가족이 참석하게 되었는데, 첫째 딸, 둘째 딸은 말안장 높이를 구실로 머슴인 남자아이를 엎드리게 한 뒤, 신발 신은 채 등을 짓밟고 말에 올라탔습니다. 그러나 셋째 딸은 그 짓이 하기 싫어서 '걸어가겠다.'고 하며, 심지어 그에게 '조금 후에 자기 말을 타고 오라.'고 하였습니다.

머슴은 텅 빈 집에서 얼른 몸을 씻고, 예전에 부모님이 챙겨주셨던 비단옷을 입고는 말을 탔습니다. 그리고 옥피리를 불었습니다. 회갑 잔칫집에 도착하자, 사람들은 그가 강 씨 댁 머슴인 줄도 모르고 하늘에서 신선이 내려온 양 극진히 맞이하였습니다. 첫째 딸, 둘째 딸도 그 사람이 자기 집 머슴인 줄을 몰랐습니다.

그런데 셋째 딸은 눈치를 챘습니다. 잔치가 끝나고 집으로 돌아오자 셋째 딸은 다짜고짜 머슴에게 청혼을 하였습니다. 물론 머슴인 남자아이는 일찍 먼저 돌아와서, 감쪽같이 머슴 옷을 갈아입고 있는 상태였습니다.

딸의 부모님이 머슴을 앉혀 놓고 이런저런 자초지종 얘기를 들어보니, 그는 수십 리 밖에 있는 큰 부잣집 외동아들이었습니다. 곧 혼례가 치러졌고, 둘은 오래오래 수명을 다할 때까지 잘 살았습니다. 그 남자아이는 평생을 살면서, 자기 집 대청마루 가장 중심에 엽의 관세음보살님을 모시고 늘 기도하면서, 분에 넘치는 생활을 하지 않으려고 애썼습니다.

이야기는 모두 끝났습니다. 재미있었지요?

여기서 우리가 생각해 볼 것은 엽의 관세음보살의 역할과 능력입니다. 엽의 관세음보살님은 처한 상황이 어려운 중생들에게 힘을 주시는 부처님입니다. 그리고 상이 높고 사치한 마음이 과하여 갖고 있는 복을 다 까먹은 중생들에게 살아갈 올바른 방향을 제시하는 부처님입니다.

사는 것이 어려울 때는, 그리고 갖고 있는 복을 다 까먹었을 때는 무조건 관세음보살을 불러야 합니다. 엽의 관세음보살의 가피가 따를 것입니다. 기도할 때는 그냥 "관세음보살, 관세음보살, 관세음보살…" 할 일이지, "엽의 관세음보살, 엽의 관세음보살, 엽의 관세음보살…" 이렇게는 하지 않으시길 바랍니다.

아무튼, 엽의 관세음보살님은 33관세음보살님 중에 한 분입니다. 앞쪽에서 설명해 드린 스물여섯 분의 관세음보살님을 다 찾아서 들어보시면 좋겠습니다. 듣는 것만으로도 큰 공덕이 될 것입니다.

이곳 B·U·D 세계명상센터 산중 도량에 열다섯 분의 단독 관세음보살님이 계시는데, 그중의 한 분 '엽의 관세음보살님'이 대나무 숲속에 모셔져 있습니다. 대나무 잎사귀 그늘을 옷으로 삼으시고, 아주 낮은 곳에 앉아 계십니다. 후일 명상 힐링 캠프가 재개되면, 꼭 친견할 기회가 있을 것입니다.

늘 건강하시고, 내일 다시 뵙겠습니다. 관세음보살….

---

*참고 : '대나무'와 관련하여 참고하시면 좋을 법문들을 소개해 드립니다. 유튜브 채널, 〔유튜브불교대학〕에 들어가셔서 꼭 한번 찾아 들어보시길 바랍니다.

(1) 2020. 10. 27.《생활법문》〈대나무가 절에 많은 사연, 불교와 대나무는 각별하다.〉

(2) 2021. 05. 27.《생활법문》〈'행운을 준다'는 대나무꽃이 피었습니다.〉

(3) 2021. 06. 01.《생활법문》〈성취의 상징, 대나무 열매를 드립니다.〉

납골당 및 수목장 안내

① 한국불교대학 유튜브불교대학 大관음사 대구큰절에는 '납골당' 이 마련되어 있습니다.

② 한국불교대학 유튜브불교대학 大관음사 감포도량, 무일선원 무문관에는 '납골당' 과 '수목장' , 그리고 '동물 수목장' 도 마련되어 있습니다.

③ 한국불교대학 유튜브불교대학 大관음사에서 운영하는 '납골당' , '수목장' , '동물 수목장' 은 모두 정해진 기한이 없습니다. 영원히 모셔드립니다.

④ 문의 : 대구큰절 (053) 474 - 8228
　　　　무일선원 (054) 753 - 8228

감포도량 산중절
일주문

청경관음
青 頸 觀 音

자살 충동을 극복시켜 주시는 관세음보살님

관세음보살…

엘리트 불자 여러분 반갑습니다.

오늘 법문의 주제는 '자살 충동을 극복시켜 주시는 부처님, 청경(靑頸) 관세음보살' 입니다. 아마 살면서 한 번쯤은 다 '자살' 에 대한 생각, '자살 충동' 을 가지지 않았는가 생각합니다.

먼저 얘기 하나를 해 드리겠습니다.

충청도 백마강 상류의 어느 골짜기에 한 스님이 혼자 토굴을 지어서 용맹정진하고 있었습니다. 법명이 '풀 해(解)', '빌 공(空)', '해공(解空)' 이었습니다. 해공스님은 스무 살을 막 넘기던 해에 양부모님이 갑자기 돌아가시자, 인생무상(人生無常)을 느끼고 출가하였습니다.

'생종하처래(生從何處來) 사향하처거(死向何處去), 태어난다 하지만 도대체 어디서 왔으며, 죽는다 하지만 도대체 어디로 가는 것인가?' 이 의문을 갖고 대중선방(大衆禪房)에서 열심히 정진하다가, 좀 더 다부지게 해 볼 요량으로 이곳 골짜기에 혈혈단신 들어와 움막을 짓고 살게 된 것입니다.

참선 중에 탁발하는 것도 만만치 않아, 솔잎과 나뭇잎 씹어 먹고, 칡뿌리 캐 먹고, 산나물 뜯어 먹고, 머루, 다래 등 열매를 따 먹으며 살았습니다. 혹독한 겨울을 견디기 위해서 하루 종일 절하면서 화두(話頭)를 잡는 날이 많았습니다. '기한(飢寒)에 발도심(發道心)이라', 배고프고 추운 날이 많았지만 스님은 더욱 구도심(求道心)을 일으켜 정진하였습니다.

그러기를 10년 세월이 지나갔습니다. 스님의 나이도 벌써 서른 중반을 가고 있었습니다. 그러던 어느 날, 눈이 펄펄 내리던 날 아침에 며칠간 내린 눈의 무게를 이기지 못하고 수백 년 된 노송(老松)이 큰 소리를 내며 내려앉는 순간, 큰 깨달음이 열렸습니다. 스님은 토굴 밖으로 뛰쳐나와 눈 위를 뒹굴며 기뻐하였습니다. 그리고 고함쳤습니다. "아, 시원하다! 참으로 시원하구나!!"

스님은 그렇듯이 일주일 정도 법락(法樂), 법의 즐거움을 누리다가, 멀리 백마강 줄기를 바라보며 서원(誓願)을 세웠습니다. '내가 이곳에 원통사(圓通寺)를 세우고, 관세음보살님을 모시리다. 그리하여, 인연 닿는 모든 이들의 귀의처(歸依處)가 되게 하리다.'

스님은 그다음 날부터 '원통사 창건 모금'에 들어갔습니다. 간단한 「모연문(募緣文)」을 만들고, 동네마다 다니면서 먼저 법문을 시작하였습니다. 동네 공터에 사람을 모아서 하는 '야단법석(惹端法席)'이었습니다. 이 소문은 금세 고을고을마다 퍼져나갔습니다.

그런데 이즈음, '신정 마을'이라는 곳에 기막힌 사연을 가진 스무 살 남자 청년이 둘 있었습니다. 한 사람은 '앉은뱅이'요, 또 한 사람은 '장님'이었습니다. 두 사람은 같은 나이로, 절친한 친구였는데, 열두 살 되던 해에 갑자기 한 사람은 앉은뱅이가 되고, 한 사람은 장님이 되어버렸습니다. 멀쩡하던 사람들이 하루아침에 장애를 갖게 되자, 그 자괴감이란 말로 이루 다 할 수가 없었습니다.

둘은 밤에 잠자는 시간 외에는 항상 같이 만나 얘기를 나누며 살았습니다. 본래 죽마고우(竹馬故友)였던지라, 만나면 옛날 얘기였습니다. 그러다가 결론은 늘 신세 한탄이었습니다. 그리고 극단적 선택의 행동으로까지 갔습니다.

스무 살이 되기까지 두 청년은 목을 매어 죽겠다며, 수십 차례 자살을 시도하였습니다. 운이 좋게도 그때마다 사람들의 눈에 띄어 살아났습니다. 사실은 그의 부모님들이 사람을 붙여, 늘 감시하였던 것입니다. 그래서 그들의 목은 칡 줄기 자국과 새끼 끈 자국으로 늘 시퍼렇게 멍이 들어 있었습니다.

그런데, 이 두 청년의 귀에도 해공스님의 야단법석 소문이 들어 갔습니다. 두 청년은 서로 힘을 합쳐 스님의 법회 자리에 나아갔습니다. 장님인 친구가 앉은뱅이 친구를 업고 갔던 것입니다. 등에 업힌 앉은뱅이 친구는 눈이 있어서 길을 안내할 수 있었고, 장님인 친구는 다리가 성성하니 이동을 할 수 있었습니다.

그날 스님의 법문 내용은 '인과(因果)와 윤회(輪廻)' 였습니다. 법문의 내용은 이러했습니다.

"이 세상에 와서 지금 본인들이 받는 모든 과보(果報)는 다 전생과 지금 직전까지 스스로가 지은 업(業)에 의한 것이다. 만일 업대로 그냥 살면 지금 이후의 인생도 별 볼 일 없지만, 지금부터라도 기도, 참선 및 보살행(菩薩行)하고, 부처님 전에 공덕을 짓는다면, 지금 이후의 인생과 다음 생은 부처님의 큰 광명을 받아 아주 잘 살 것이다."

자기 신세를 밑도 끝도 없이 한탄만 하던 두 청년은 귀가 번쩍 뜨였습니다. 듣는 귀나마 있어서 천만다행이었습니다. 두 청년은 법회가 끝나자 스님께 나아갔습니다. 두 청년이 거의 이구동성(異口同聲)으로 말했습니다.

"스님, 저희 둘은 업장(業障)이 두터워서 이 모양이니, 관세음보살 기도 부지런히 하겠습니다. 그리고 절을 짓고 부처님을 모신다니, 저희들에게 〈모연문〉이 적힌 빈 책을 한 권 주시면 이 마을 저 마을 다니며 힘껏 화주(化主)를 하겠습니다."

이리하여 이 두 청년은 날이 새면 한 사람은 다리가 되고, 한 사람은 눈이 되어 온 고을을 다니며 불사(佛事) 시주를 받았습니다. 그러면서 입으로는 '관세음보살'을 외우는 정근 기도를 멈추지 않았습니다. 해공스님을 만나 '관세음보살'을 외운 이후로는, 자살은 전혀 생각지 않았습니다. 두 청년의 불사 모금 화주는 3년이나 계속되었습니다. 참으로 대단한 원력(願力)이었습니다.

드디어 관세음보살 점안식 및 법당 낙성식 날이 왔습니다. 마당에 많은 불자들이 모였습니다. 천수경 독송, 관음 정근의 기도 함성이 온 산천을 흔들었습니다. 그때, 하늘에 무지개가 떴습니다. 저 하늘에서 무지개를 타고 목이 푸른 관세음보살님이 법당 쪽으로 내려오고 계셨습니다.

장님 등에 업혀있던 앉은뱅이가 고개를 젖히기가 불편하니, 더 잘 보려는 마음에 자기 다리가 장애인 줄도 깜빡 잊어버리고 땅에 그대로 풀쩍 뛰어내렸습니다. 동시에 "저기 무지개! 목 푸른 관세음보살!!!" 하고 고함을 지르자, 장님인 친구 청년이 "어디? 어디?!" 하고 응수하며, 눈을 번쩍 떴습니다.

아! 이 무슨 불가사의한 기적입니까? 앉은뱅이는 똑바로 서서 합장하고, 장님은 두 눈을 뜨고 합장하였습니다. 그리고 관세음보살님을 온몸과 온 마음으로 부르고 있었습니다. 이 두 청년은 서로 손을 잡고 신도님들의 행렬에 끼어 법당에 들어섰습니다.

아! 그런데, 법당 안에 새로 모신 관세음보살님의 목이 푸른 게 아닙니까? 주지인 해공스님은 법문 시간을 빌어 말했습니다. "여기 관세음보살님을 조성하면서 제가 마지막 개채(改彩)를 하였는데, 제 실수로 푸른 물감을 목에 칠하고 말았습니다. 시간이 없어서 더 손을 못 댔는데, 점안(點眼)도 했고, 이제는 어쩔 수 없습니다. 우리 부처님을 '목 푸른 관세음보살, 청경(靑頸) 관세음보살'이라 하겠습니다."

이 두 청년은 아직도 푸른 자국이 선명한 서로의 목을 쳐다보면서 말했습니다. "우리의 목이 푸르더니, 관세음보살님의 목이 푸르구나…. 우리는 청경(靑頸) 형제이다. 청경 관세음보살님처럼 우리도 꺼져가는 누군가의 생명을 구해내는 보살이 되자." 두 청년은 나이 많아 죽는 날까지, 좋은 일 하면서 친형제 이상으로 우애 있게 잘 지냈다고 합니다.

여기서 '청경 관세음보살님'에 대해 잠시 살펴보겠습니다. 청경 관세음보살님은 '중생을 살리기 위해 독약을 대신 마셔, 목이 푸르게 되었다.'는 얘기가 있습니다.

독약 중에서 가장 나쁜 독약은 자기 자신을 죽이려는 '자살 충동'입니다. 자살 충동을 느끼는 사람이 있다면, 관세음보살님을 지극정성 부르십시오. 목에 푸른 흔적을 남기신 관세음보살님, 청경 관세음보살님의 중생을 향한 끝없는 연민과 법력을 믿으십시오. 그러면 못된 독한 마음은 없어지고, 건전한 정신으로 잘 살아갈 것입니다.

오늘은 33관세음보살님 가운데 스물여덟 번째, 목 푸른 관세음보살님 즉, 청경 관세음보살님에 대해서 말씀드렸습니다. '靑頸(청경)'이라 하면, '푸를 청(靑), 목 경(頸)' 자를 씁니다. 한자를 좀 찾아보시길 바랍니다.

오늘 말씀드린 이 법문은 좀처럼 잘 들을 수 없는 내용이니, 다시 한번 들어보시길 권해 드립니다.

늘 건강하시고, 내일 다시 뵙겠습니다. 관세음보살….

＊참고 : 우학스님께서 특별히 '자살'에 대해 법문하신 바가 있습니다. 꼭
한번 찾아서 들으시길 바랍니다.
2020. 11. 06.《생활법문》〈죽지 말고 살아서 버텨라.〉

육시관음
六時觀音

24시간, 언제나 항상 중생과 함께 하시는 관세음보살님

관세음보살…

국내외 유튜브불교대학 시청자 여러분 반갑습니다. 우리 유튜브불교대학은 〈근본 불교, 세계 불교, 첨단 불교〉를 그 지표로 삼고 있습니다. '구독' 과 '좋아요' 는 곧 불심(佛心)이며, 포교입니다. 주위에 '구독 포교' 많이들 해 주시고, 또 매번 '좋아요' 도 눌러주시면, 부처님 정법(正法)을 포교하는 데 큰 도움이 되겠습니다.

오늘은 '아침에도 관세음보살님 가피, 저녁에도 관세음보살님 가피', '육시(六時) 관세음보살' 에 대해서 말씀을 드리겠습니다.

우리 불자님들은 대부분 관세음보살님을 많이 외우고, 또 사경합니다. 확실한 것은, '관세음보살 수행을 지극정성하면, 모든 일이 100% 성취된다.' 라는 것입니다. 그만큼 관세음보살님의 능력이 무한합니다.

이 무한한 관세음보살님의 원력(願力)과 능력(能力)을 세분해서 서른세 가지로 '33관세음보살님' 을 얘기합니다만, 사실은 사랑과 연민의 관세음보살님은 딱 한 분입니다. 그래서 '33관세음보살님' 을 말하지만, 기도하거나 사경 등 수행할 때는 오직 "관세음보살, 관세음보살, 관세음보살, 관세음보살, 관세음보살, 관세음보살…." 이렇게 정근하시면 됩니다.

33가지 관세음보살님의 이름 가운데 '육시 관세음보살(六時觀音)'이 있는데, 이 또한 관세음보살님의 원력과 능력의 한 부분을 나타내는 한 명호입니다. 이 육시 관세음보살님(六時觀音)은 하루 내내, 일 년 내내 중생들을 보살피시는 관세음보살입니다.

하루 24시간을 4시간씩 나누면 '6등분'이 되고, 일 년 12개월을 2달씩 나누면 역시 '6등분'의 시간 개념이 됩니다. 그래서 '육시(六時)'입니다. 그래서 육시 관세음보살님은 '자나 깨나 언제나, 자신을 찾는 중생을 보살피시는 분이 관세음보살님이심'을 나타내는 이름입니다.

아주 재미난 얘기 하나를 해 드리겠습니다.

옛날에 어느 고을에 한 이방이 있었는데, 바깥일을 참 잘 했습니다. 나름 능력꾼이고 사람들에게 잘 해서, 그 고을에서 인기가 높았습니다. '아전 노릇 하기엔 아까운 사람이다.'라고 말할 정도였습니다.

이러한 소문을 들은 원님은 적잖이 질투심이 일어났습니다. 안 그래도 이방이 너무 정직하고 깐깐해서 늘 불편하던 참이라, '창피를 좀 줘야겠다.' 하는 못된 생각을 하게 되었습니다.

그래서 하루는 이방을 불러놓고 말했습니다. "듣자 하니, 네가 아주 똑똑하다고 말들을 하더구나. 내가 관장으로서, 그 소문이 참인지 아닌지 시험을 해 봐야겠다. 내일은 내가 수수께끼 2가지를 낼 것인즉, 반드시 알아맞히도록 하여라. 만약에 못 맞히면 거짓 소문을 퍼뜨린 죄로 중벌을 면치 못할 것이다."

이방이 가만히 생각해 보니, 외통수에 걸려들었습니다. 아예 못 알아맞힐 문제를 내서 곤경에 빠뜨린 뒤, 억지로 죄를 만들어 동네방네 창피를 주면서 벌을 줄 것이 뻔했습니다.

이방이 집에 돌아와 이불을 뒤집어쓰고 누워 있으니, 아내가 물었습니다. "서방님, 왜 그러십니까?" 남편인 이방이 퉁명스럽게 쏘아붙였습니다. "당신같이 무식한 사람은 몰라도 된다. 여편네가 뭘 아는 게 있어야지. 원 참."

이방은 바깥에서는 한없이 좋은 사람이었지만, 집에 있는 아내에게는 늘 이런 식이었습니다. 글을 많이 못 배웠다고 인격적으로 무시하는 일이 잦았습니다. 아내는 그럴 때마다 시집오기 전부터 해 온 관음 기도로써 속을 삭여 왔습니다.

아내는 남편의 그런 성격이 도저히 이해되지 않아 힘들 때는 하루 내내 즉, 六時(육시)로 관세음보살을 찾았습니다. 관세음보살님은 그럴 때마다 언제나 엷은 미소로 그 아내를 포근히 감싸 주셨습니다. 이날도 아내는 울화가 치밀었지만, 관세음보살님을 염(念)하면서 다시 남편에게 말을 붙였습니다. "무슨 고민인지는 모르나, 말이나 한번 해 보세요." 남편 이방은 귀찮아하면서도 거듭되는 아내의 다그침에 원님과 있었던 일을 죄다 얘기했습니다.

그러자 아내가 말했습니다. "제가 내일 관아로 가 보겠습니다. 저도 가정을 위해 할 역할이 있어야 하지 않겠습니까? 저에게는 관세음보살님이 어느 때고, 六時(육시) 중에 계십니다." 남편 이방은 아내가 극구 해 보겠다 하니, 못 이긴 척 허락하였습니다.

다음 날, 동헌 뜰에 들어가니 원님이 물었습니다. "왜 이방은 오지 않고, 부인이 왔는가?" 이방의 아내가 말했습니다. "예, 제 남편이 갑자기 병이 나서, 제가 대신 왔습니다. 부부는 일심동체(一心同體)라 하였으니, 제가 답변해도 관계가 없지 않겠습니까? 책임은 공동으로 다 지겠습니다."

그리하여 원님의 질문이 시작되었습니다. 첫 번째 수수께끼는, '해는 하루에 몇 리를 가는가?'였습니다. 이방의 아내는 망설이지 않고 재깍 대답하였습니다. "예, 하루에 80리를 갑니다."

"그건 어째서 그런고?" "예, 저희 친정이 여기서 80리 떨어진 곳인데, 아침에 해 뜰 무렵에 나서서, 하루 종일 걸어가면 딱 해 질 무렵에 닿습니다. 그러니 그게 해가 가는 길과 같지 않습니까?"

원님은 속으로 감탄하면서 두 번째 수수께끼를 내었습니다. "이 주먹이 얼마짜리나 되겠는고?" 하며, 자신의 주먹을 불쑥 내밀었습니다. 이에 말이 떨어지기가 무섭게 이방 아내는 대답을 하였습니다. "예, 그것은 닷 푼짜리입니다."

원님이 말했습니다. "뭐라고? 닷 푼?!! 어째서 그런고?" "예, 저희 친정아버님께서 몸이 약하셔서 몸보신하느라고 늘 쇠불알을 고아 잡수셨는데, 푸줏간에 가서 꼭 사또님 주먹만 한 쇠불알을 사면, 딱 닷 푼이 들었지요. 그래서 드리는 말씀입니다."

이방 아내의 순간 기지와 지혜에 원님은 말도 못 하고, 벌떡 일어나 얼굴을 붉히며 안으로 줄행랑을 쳤습니다. 이렇게 해서, 이방 아내는 큰 곤란함에 빠진 남편을 구해냈습니다.

아내는 남편 이방에게 말했습니다. "서방님은 지식은 풍부하지만, 지혜는 부족한 듯합니다. 관세음보살님은 六時(육시) 중에, 즉 하루 내내, 일 년 내내 생명력의 지혜로써 우리를 보살펴주십니다."

남편 이방은 처음에는 듣기 싫어하더니, 차차 자기를 위기에서 구해준 아내의 말을 듣기 시작하였습니다. 그리하여, 이후로 관세음보살 정근 기도를 틈틈이 하였습니다. 또한, 아내를 함부로 대하거나 우습게 보는 일이 없어졌습니다.

이상, 얘기가 대충 끝났습니다.

예전부터 절에서는 '六時(육시)'에서 힌트를 얻어, '여섯 번 정근 정진' 하기도 하였습니다. 이를 '육시근(六時勤)' 또는 '육분 정근(六分 精勤)'이라고 합니다. 또한 육시 즉, 하루 여섯 번 부처님께 예불한다 해서, '육시 예불(六時 禮佛)' 또 '육참 예불(六懺 禮佛)'이라고 하였습니다. 이는, 새벽 3시부터 저녁 9시까지 3시간마다 예불하고 정근하는 것을 말합니다.

불자 여러분, 우리가 낮밤 없이 하루 24시간 관음 삼매(觀音三昧)에 들어 있기는 좀 힘들지라도, 자기 사정에 맞추어서 하루 몇 번이라도 기도 시간을 가져 보십시오. '조념 관세음(朝念 觀世音), 모념 관세음(暮念 觀世音)'이라는 말이 있듯이, 적어도 아침저녁으로라도 명상 기도를 놓치지 않는 불자 되시길 바랍니다.

오늘은 33관음 가운데 '육시 관세음보살님'에 대해서 말씀드렸습니다.

끝으로, 용어 해설을 좀 해 드리겠습니다.

첫째, '이방' 은 원님, 사또 등 지방관을 보좌하는 직책으로, '향리' 즉 '아전' 으로 불립니다. 양반은 아니고, 중인층 계급이라고 합니다.

둘째, '동헌' 은 고을의 수령 등이 정무를 집행하던 건물을 말합니다.

오늘, 육시 관세음보살님 이야기 재미있었지요? 우리는 늘 정진하는 불자들이 되셔야겠습니다.

늘 건강하시고, 내일 다시 뵙겠습니다.

연 와 관 음

蓮 臥 觀 音

불면증, 만성 두통을 치료해 주시는 관세음보살님

관세음보살…
국내외 유튜브불교대학 시청자 여러분 반갑습니다.

금일 법문 주제는 '불면증, 만성 두통은 이렇게 극복하라.' '연와(蓮臥) 관세음보살'에 대해서 말씀드리겠습니다.

불교에서도 세간에서처럼 '오복(五福)'을 얘기합니다. 제가 이미 이 시간을 통해 말씀을 드린 바가 있습니다. 이 五福(오복), 다섯 가지 복이란, 재물복·이성복·식복·명예복·잠복입니다.

잠만 잘 자도 복이 있습니다. 제가 아는 사람 중에는 '땅에 머리만 닿으면 잔다.' 하는데, 그것은 오복 중에 하나를 이미 성취한 것입니다. 그런데 많은 사람들이 잠을 제대로 자지 못해 애를 먹는다고 합니다. 그래서 수면을 위한 영양제, 수면을 위한 약이 불티나게 팔리고 있습니다. 오늘은 수면 영양제, 수면 약 없이 잘 자는 비법 아닌 비법을 소개해 드릴 테니, 집중해서 잘 들어보시길 바랍니다.

먼저 재미난 얘기 하나를 해 드리겠습니다.
중국 땅에서 일어난 얘기입니다.

한 무리의 도적들이 양쯔강가에 있는 절에 침입하였습니다. 절의 곳곳을 뒤지며 약탈하는 도적들은 관음전에 모셔져 있는 관세음보살상을 보더니, 서로 쳐다보며 회심의 미소를 짓고는 복장 유물(腹藏 遺物)을 꺼내기 시작했습니다.

복장 유물에는 경전이나 시주자 명단도 있지만, 귀중품도 많이 봉안되어 있습니다. 아이들 돌 반지를 비롯, 금목걸이 등 신도님들이 내놓은 값비싼 장신구들도 많습니다.

요즘은 절마다 CCTV가 있어서 별문제가 없지만, 예전에는 절도둑에 의해 복장물을 강탈당하는 일이 비일비재했습니다. 기록을 보면, 그러한 악업(惡業)을 저지른 도둑들이 처참한 과보(果報)를 받는 수가 많았습니다.

설령 만 분의 일이라도 이 생에서 무탈할 수 있겠지만, 염라대왕 앞에서는 큰 벌을 받게 될 것입니다. 절에 가서 도둑질하고, 부처님을 훼손한 과보는 오역죄(五逆罪)* 중의 하나임을 세상 사람들은 알아야 합니다.

관세음보살의 복장 유물을 꺼내어 주섬주섬 챙기던 도적들은

---

*참고 : ‘오역죄’에 관한 법문입니다. 참고하시길 바랍니다.
　2020. 07. 26.《생활법문》〈지옥에 갈 중죄는 짓지 말라.–오역죄(五逆罪)〉

관세음보살상 자체에도 욕심이 생겼습니다. 그래서 한 도둑이 관세음보살상을 등에 업고 달리기 시작했습니다.

십여 리 한참을 가다가, 강둑에 앉아 쉬면서 관세음보살상을 들여다보고는, '겉은 금(金)이었지만, 속은 동(銅)으로 되어 있다.' 라는 것을 알았습니다. 도둑은 "돈도 안 되는 것 힘만 뺐다."라고 하더니, 그대로 물에 처넣어 버렸습니다.

아뿔싸! 이게 또 무슨 일입니까? 그 도둑의 옷고름이 관세음보살님의 손가락에 걸려 도둑 본인도 그대로 물에 처박혔습니다. 그 길로 수장(水葬)되고 말았습니다. 후일 사람들은 이구동성으로 말했습니다. "신장(神將)님이 노하셔서, 즉시 과보를 받을 수밖에 없었다."고 말입니다.

그런 후, 몇 달 시간이 흘러갔습니다. 양쯔 강변의 도시 '금능'이라는 지방에 '반화' 라는 상인이 있었는데, 불교 신도였습니다. 그는 사업을 잘 해서 경제적으로는 문제가 없었지만, 한 가지 병을 가지고 있었습니다. 반화 거사의 병은 밤에 잠을 못 자는 '**불면증**'이었는데, 이미 오래되었습니다.

불면증 때문인지 두통도 심하여, 늘 심리적으로 불안하였습니다. 그리하여 백방으로 약을 구해 먹고, 용하다는 의원을 찾아 치료하였으나 소용이 없었습니다. 그러다 보니 가끔 법당을 찾아 생각 없이 앉아 있는 일이 잦았습니다.

어느 날도 잠을 자지 못해 머리가 아프면서도 멍한 상태로 절 법당을 찾았습니다. 앉아서 염주를 잡고 있자니, 갑자기 잠이 쏟아졌습니다. 비몽사몽간에 상처 입은 관세음보살님이 나타났습니다. "반화야, 내가 많이 다쳤다. 사람을 사서라도 양쯔강 속에 있는 나를 꺼내다오. 어디 어디쯤에 있으니 꼭 와보거라."

반화 거사는 그 길로 곧바로 사람을 사서 비몽사몽간에 계시 받은 그 장소를 찾아갔습니다. 아 정말이지 그 자리에 갔더니, 강의 물가에 관세음보살상 한 분이 비스듬히 누워 계셨습니다. 반화 거사는 관세음보살님을 업고 집으로 왔습니다. 마침 연꽃 사진 탁자가 하나 있어서 그 위에 바로 앉히려고 했으나, 관세음보살님의 아래쪽 우측 부분이 떨어져 나가서 똑바로 앉힐 수가 없었습니다.

반화 거사는 탁자 위에 그대로 반쯤 눕혔습니다. 보기에 관세음보살님이 편안해졌으므로, 그대로 모시기로 하였습니다. 마치 일부러 연꽃밭에 편안히 나투신 듯하였습니다. 말 그대로 '연와(蓮臥) 관세음보살님'의 출현이었습니다.

반화 거사는 갑자기 신심(信心)이 일어나, 관세음보살을 부르며 무수히 절을 올렸습니다. 밤이 이슥해지자 반화 거사는 자기 방에 들어와 잠을 청했습니다. 금세 잠이 들었는데, 오랜만에 잠을 아주 잘 잤습니다. 깨고 보니 아침이었습니다. 반화 거사는 고함쳤습니다. "사람들아, 내가 잠을 잘 잤다. 아주 잘 잤어."

그날 이후로 반화 거사는 잠자기 전에 꼭 연와 관세음보살님 앞에서 108배 절을 하였는데, 불면증이 거짓말처럼 사라졌습니다. 반화 거사는 자기처럼 잠을 못 자 힘들어하는 사람을 위해, 자신이 다니는 절에 〖원통보전(圓通寶殿)〗을 지었습니다. 그리고 법당 안에 오른쪽 옆구리를 대고 편히 쉬고 계시는 관세음보살님 즉, 연와 관세음보살님(蓮臥 觀音)을 모셨더니, 불면증, 두통에 시달리는 사람들이 하나같이 다 가피를 입었습니다.

여기서 이야기는 대충 끝났습니다.

한 가지 참고로 말씀드리면, 이 연와 관세음보살님을 그림이나 조각으로 표현할 때, 원칙적으로는 모로 누워계시는 모습으로 해야 하지만, 그렇지 않은 경우가 대부분입니다. '연밭, 연지 주위에 계시는 관세음보살님'은 다 '연와 관세음보살님'으로 간주합니다. 혹시 그림이나 조각 가운데서 연밭, 연지 가운데, 또는 그 근처에 서

312

계신 관세음보살님을 보게 되면, '연와 관세음보살님이구나…' 하
고 생각하면 됩니다.

　우리 유튜브불교대학 한국불교대학 대구큰절 하늘법당의 연지
한가운데 관세음보살님이 서 계시는데, 그분이 연와 관세음보살이
라고 볼 수 있습니다. 꼭 친견해 보시길 바랍니다.

　그리고 감포도량 무일선원의 성취동산 지혜 연못가에 돌로 모셔
진 관세음보살님이 계시는데, 그분도 연와 관세음보살이라고 볼 수
있습니다. 꼭 찾아서 친견하시길 바랍니다. 또, 감포도량 구품연지
에도 연와 관세음보살님이 계십니다.

▶ 감포도량 관음 동산 구품연지에 계신 연와 관세음보살님

다시 처음으로 돌아가서 말씀드립니다. 연와 관세음보살님은 연밭 위에 모로 누워 계시는 관세음보살님인데, 우리가 미얀마, 태국 등 남방 지방에서 흔히 보이는 '와불(臥佛)'과 같다고 보면 됩니다.

와불을 친견하고 있노라면, 그저 마음이 편안해집니다. 이 와불을 직접 친견하시려면, 대구큰절의 하늘법당 건너가는 곳에 와불이 모셔져 있습니다. 그리고 대구큰절 3층 큰법당과 2층 법당에서도 친견할 수 있습니다. 내년쯤, 이곳 감포도량 세계명상센터 내에 '33m 초대형 와불'이 나투실 겁니다. 기대를 해 주십시오. '부처님 발'로 들어가서 '몸속 법당'에서 기도하고, '부처님 어깨 쪽'으로 나오는 큰 와불입니다. 아마 큰 체험의 기회가 될 것으로 봅니다.

혹시 잠 잘 못 자고, 머리 띵하게 아프고 개운치 못한 분이 있다면, 잠자기 30분 전에 108배 하면서 관세음보살을 외우십시오. 그러면 연와 관세음보살님의 힘이 미칠 것입니다. 그리고 저녁 시간에 '관세음보살, 관세음보살, 관세음보살…'이 다섯 자 사경도 좀 하시고, 특히 잠자면서 〔관음 정근〕을 조용히 틀어놓으십시오. 제가 아는 분 중에는 이렇게 해서 불면증, 만성 두통 고친 분들이 아주 많습니다. 꼭 실천해 보시길 바랍니다.

오늘은 '33관세음보살님' 중에서 '연와 관세음보살님'에 대해서 말씀드렸습니다.

늘 건강하시고, 내일 다시 뵙겠습니다. 관세음보살….

─────────

＊참고 : 오늘 법문과 관련하여, 참고하시면 좋을 법문들을 소개해 드립니다. 유튜브 채널, 〔유튜브불교대학〕에 들어가셔서 꼭 한번 찾아 들어보시길 바랍니다.

(1) 2020. 03. 25. 《생활법문》〈악몽 해결 – 꿈에 대하여〉

(2) 2020. 04. 01. 《생활법문》〈불교식 꿀잠 자는 법〉

(3) 2020. 12. 14. 《생활법문》〈꿈도 생활의 일부이다.〉

(4) 2021. 01. 04. 《생활법문》〈신년에는 대박 꿈을 꾸라. 이것이 대박 꿈이다.〉

낭견관음

瀧見觀音

극락세계로 인도해 주시는 관세음보살님

관세음보살…
국내외 유튜브불교대학 시청자 여러분 반갑습니다.

금일 법문의 주제는 '극락세계에 데려가 주시는 부처님, 낭견관음(瀧見觀音)' 입니다. 내용이 아주 중요합니다. 좀 잘 들어보시길 바랍니다.

불교는 이고득락(離苦得樂) 즉, 괴로움을 여의고 즐거움을 얻는 종교입니다. 괴로움을 여의고 즐거움을 얻을 수 있는 힘이 부처님, 삼보(三寶)님 안에 분명히 있습니다. 그 즐거움, 락(樂)이 최고조로 있는 곳이 '지극할 극(極)', '즐거울 락(樂)' 해서, '極樂(극락)' 입니다.

우리가 현재 살아가는 이 사바세계(娑婆世界)는 늘 탈이 많고 고통이 따릅니다. 심할 때는 산다는 것 자체가 정말 지긋지긋합니다. 진저리쳐집니다. 그러니 우리 불자들은 힘이 있는 부처님, 삼보(三寶)님을 만났을 때, 부지런히 정진하고 좋은 일 많이 해서, 어쩌든지 '극락세계에 가겠다.' 는 서원을 세워야 합니다.

극락세계와 곧바로 연결해 주시는 분이 '관세음보살' 입니다. 이때 관세음보살님의 구체적 이름이 '낭견관음(瀧見觀音)' 입니다.

'瀧(낭)' 은 '여울 랑(瀧)' 이요, '見(견)' 은 '볼 견(見)' 입니다. 따라서 '瀧見(낭견)' 이란, '여울을 지켜보심' 이라고 직역됩니다.

'여울' 은 강이나 물 도랑의 유속이 빠른 구간을 말합니다. 이 여울은 물살이 세기 때문에, 콸콸콸 소리도 납니다. 저희들은 어릴 때 종이배를 만들어, 이 '도랑' 에 띄우는 놀이를 자주 즐겼습니다. 종이배가 도랑이 넓을 때는 잘 가다가, 여울에 들면 뒤뚱거리며 곧 넘어질 듯 가라앉을 듯합니다. 그러면, 종이배 주인이 위에서 내려보다가 얼른 종이배를 손으로 건져냅니다. 그 순간처럼, 낭견 관세음보살님은 그러한 역할을 하십니다.

瀧見(낭견), 여울 랑(瀧), 볼 견(見). 여기서 이 '여울' 의 의미는, '무상(無常)이 빠르고 위태위태한 우리네 인생살이' 에 비유됩니다.

『법구비유경(法句譬喩經)』이라는 경전에는 이런 얘기가 나옵니다.

「

옛날, 엄청난 재산을 가진 한 바라문의 외아들이 스무 살이 되자 장가를 갔습니다. 다른 사람의 100년 같은 일주일이 지나갔습니다. 정말이지 깨소금 같은 시간이었습니다.

신랑 신부는 일주일 만에 방을 나와, 손 꼭 잡고 뒷동산에 올랐습니다. 마침 벚꽃이 만발해 있었습니다. 신랑은 사랑스러운 신부에게 꽃을 꺾어주려고 나무 위에 올라갔습니다.

아, 그런데 꽃가지를 꺾는 순간! 중심을 잃고 그대로 땅에 떨어져 즉사하고 말았습니다. 식구들이 다 달려왔지만 우는 일 외에 할 수 있는 일은 없었습니다. 곧 장례가 치러졌습니다.

부처님은 그 소식을 듣고 위문 차, 직접 그 집에 가셨습니다. 부처님은 그들에게 법문하셨습니다. "그만 울어라. 모든 것은 무상(無常)하니, 오래 보존하기 어려우며, 한 번 난 것은 반드시 죽게 마련이니라. 죄(罪)와 복(福)의 업(業)만이 따르느니라."

이에 아버지 바라문은 부처님께 무릎을 꿇고 여쭈었습니다. "부처님, 제 아들은 전생에 무슨 죄를 지었기에 저렇게 된 것입니까?" 부처님께서는 가족들 간에 얽히고설킨 전생 인연에 대해 말씀해 주셨습니다.

이 부분은 시간 관계상 후일에 얘기해 드리겠습니다.

아무튼, 여기서의 핵심은 '사바세계에서의 행복은 극히 짧으며,

삶 자체가 위태위태하다.' 라는 것입니다. 이 사실은 누구에게나 다 공통적입니다. '우리네 인생이 여울을 지나가는 종이배 같다.'고 생각해 보십시오. 기도를 아니 할 수가 없습니다.

우리들이 너무 쉽게 '사바세계~', '사바세계~' 라고 말하는데, 이 사바세계란 '고해(苦海) 즉, 고통의 바다' 입니다. 고통의 바다는 바람이 세고, 파도가 높습니다. 그 바다에서 내 몸을 의지한 돛단배 하나가 물에 잠길 듯 위태롭게 떠 있습니다. 참으로 바다는 심하게 파도치는, 고통 그 자체입니다. 이때 우리는 기도를 아니 할 수가 없습니다. 그 순간 우리의 기도에 응답해오시는 분이 관세음보살입니다. 낭견관음(瀧見觀音)입니다. 우리가 관세음보살님을 100% 믿음을 갖고 의지하면, 여여부동(如如不動), 즉, 여여해서 흔들리지 않을 수 있습니다.

우리가 살아가는 이 사바세계의 고통을 부처님께서는 '4가지 고통, 생(生)·노(老)·병(病)·사(死), 사고(四苦)'와 '8가지 고통, 생(生)·노(老)·병(病)·사(死), 애별리고(愛別離苦), 원증회고(怨憎會苦), 구부득고(求不得苦), 오온성고(五蘊盛苦)의 팔고(八苦)'로 말씀하셨습니다.

좀 어렵지요? 현대적으로 좀 더 쉽게 설명하면 이렇습니다.

왜 이 세상이 고통스러운가?

첫째, 나와 물질과의 조화되지 못하는 관계로 괴롭습니다.

둘째, 나와 사람 사이의 조화되지 못하는 관계로 세상살이가 괴롭습니다.

셋째, 나와 몸과의 조화되지 못하는 관계로 괴롭습니다.

넷째, 마음이 조화되지 못하는 관계로 괴롭습니다.

다섯째, 나와 바라는 것과의 조화되지 못하는 관계로 괴롭습니다.

여섯째, 사상(思想)과 견해(見解)가 조화되지 못하는 관계로 괴롭습니다.

일곱째, 나와 자연과의 조화되지 못하는 관계로 괴롭습니다.

잘 한번 음미해 보시길 바랍니다. 이에 대해, 나중에 또 자세히 설명을 드리겠습니다.

아무튼 이 세상은 무상(無常)하기 때문에, 늘 불안하고 힘이 듭니다. 그 중에 가장 힘든 일이 '죽음' 입니다. 그 죽음을 대비하고, 죽음 이후의 세상을 대비해서 우리들에게 나타나는 분이 '낭견 관세음보살(瀧見觀音)' 입니다.

낭견 관세음보살님은 여울의 그 위태위태한 상황에서 우리를 구제해 주시는 분입니다. 구고구난(救苦救難)이라, 중생이 간절한 마음으로 자신을 부르는 소리를 들으시면 곧바로 달려오십니다.

이 생을 사는 동안도 그렇지만, 이 생이 끝나는 죽음의 여울에서도 불자가 "관세음보살, 관세음보살, 관세음보살…" 하고 관세음보살님을 지극정성 부르면, 관세음보살님은 곧바로 오셔서 연화대(蓮花臺)에 그 불자를 앉혀 극락세계로 데려가십니다. 극락세계에서 관세음보살님은 법문도 해 주십니다.

다시 말씀드립니다. 관세음보살님은 모든 불보살(佛菩薩)님 가운데, 사바세계와 극락세계를 연결해 주는 유일한 분이십니다.

관세음보살님은 사바세계에도 계시고, 극락세계에도 계십니다. 관세음보살님의 명호를 부르고, 또 관(觀) 해서, 관세음보살님이 내 몸이 되고 내 정신이 되면, 임명 종시(臨命終時)에 관세음보살님이 '극락세계'로 꼭 인도해 주실 겁니다. 그곳은 한없이 좋은 '백화도량(白花道場)'으로, 윤회(輪廻)하지 않는 '정토(淨土)'이자, '성불(成佛)의 대기소(待機所)'입니다.

오늘은 '역할로 본 33관세음보살님' 중에 서른한 번째, 낭견관음(瀧見觀音)에 대해 말씀드렸습니다. 이제 관세음보살님 두 분만 남았습니다. 앞의 서른 분을 다 좀 찾아서 들으시길 바랍니다.

우리 불자들은 그 어떤 경우에도 관세음보살님을 놓쳐선 안 되겠습니다.

늘 건강하시고, 내일 다시 뵙겠습니다. 관세음보살….

＊참고 : 오늘 법문과 관련하여, 참고하시면 좋을 법문들을 소개해 드립니다. 유튜브 채널, 〔유튜브불교대학〕에 들어가셔서 꼭 한번 찾아 들어보시길 바랍니다. 이외에도 다양한 법문들이 많습니다. 직접 들어가셔서, 쭉 살펴보시길 바랍니다. 분명, 공부에 큰 도움이 되실 겁니다.

(1) 2020. 05. 15.《생활법문》〈극락은 실재한다.〉
(2) 2020. 05. 16.《생활법문》〈극락세계에 태어나려면〉
(3) 2020. 06. 01.《생활법문》〈천당 가지 말고, 극락 가게.〉
(4) 2020. 11. 04.《생활법문》〈안 태어나는 게 상책이다.〉
(5) 2021. 03. 22.《생활법문》〈이 세상 힘이 드니, 극락 가세.〉
(6) 2022. 06. 29.《생활법문》〈극락 가는 길이 있다.〉
(7) 2022. 05. 11.《생활법문》〈사후 49일, 영혼은 어떻게 헤매는가?〉
(8) 2022. 06. 29.《생활법문》〈극락 가는 길이 있다.〉
(9) 2022. 07. 29.《생활법문》〈이것이 극락이다.〉
(10) 2022. 08. 03.《생활법문》〈임종이 다가오면 이렇게 하라.〉
(11) 2022. 08. 15.《생활법문》〈임종 시 유족들이 주의할 일〉

어람관음
魚籃觀音

생명력의 근원으로 계시는 부처님,
모든 생명체들을 살려주시는 관세음보살님

관세음보살…

유튜브불교대학 시청자 여러분 반갑습니다.

오늘 법문의 주제는 '생명력의 근원, 생명체들을 살려주시는 부처님', '어람관음(魚籃觀音)'에 대해서 말씀드리겠습니다.

소위 말하는 '33관세음보살님' 중에 '어람관음', '어람 관세음보살'이 계십니다. 그림으로 그려질 때는 물고기를 담은 '어람(魚籃)'을 들고 계시거나, 큰 물고기를 타고 계신 모습입니다. 단도직입적으로 말씀드리면, 이 어람 관세음보살님은 우리 중생들에게 '생명의 소중함'과 '방생(放生)'을 가르치기 위해 출현하시는 부처님의 이름입니다.

불자(佛子)가 되는 관문인 '수계(受戒)'에 있어, 첫 번째 항목은 '불살생(不殺生)'입니다. 불살생의 더욱 적극적인 대승계법(大乘戒法)이 '방생(放生)'입니다. 우리 불자들이 정월 정초에는 방생들을 많이 하시는데, 그때 정근은 주로 '관세음보살'입니다. '용왕 대신' 정근을 하는 분들도 있는데, 용왕 대신 보다는 관음 정근이 훨씬 더 이미지도 깨끗하고, 차원이 높습니다.

혹시 방생 의식을 빌리지 않더라도 죽어가는 생명체를 살려줄

기회가 있으면, '관세음보살님' 을 여러 번 외우면서 살려주면 좋습니다. 혼자 방생을 할 때도 '관세음보살' 을 정근하면서 생명체를 놓아주면 아주 좋은 일이 됩니다. 관세음보살의 많은 역할과 활동 가운데 '放生(방생)' 을 상징하는 '어람관음' 의 명호가 있기 때문입니다.

그러면 지금부터는『금광명경(金光明經)』에 나오는 '방생의 유래' 에 대해서 잠시 살펴보겠습니다.

「

'유수(流水)' 라는 거사가 산기슭의 한 연못을 거닐다가 깜짝 놀랐습니다. 얼마 전까지만 해도 수천수만의 물고기가 이리저리 헤엄치며 잘 놀고 있었는데, 그동안 많이 가문 탓에 연못의 물이 말라 물고기들이 다 죽게 생겼습니다.

그는 자비심(慈悲心)이 일어나 곧바로, 평소 친분이 두터웠던 왕에게 달려가 고하였습니다. "대왕이시여, 연못에 물이 말라 그곳의 고기들이 모두 죽기 직전입니다. 대왕께서 코끼리 스무 마리만 내어 주시면, 강물을 길어다가 고기를 살려보겠습니다."

이 왕도 일찍이 불(佛)・법(法)・승(僧) 삼보(三寶)에 귀의한지라, 유수 거사의 청을 듣고, 곧 말하였습니다. "오! 거사가 그토록 자비심이 깊다니, 참으로 가상하구나. 코끼리가 있는 우리에 가서 코끼리 스무 마리를 골라 물을 나르도록 하라."

그 거사는 두 아들과 함께 우리로 들어가 큰 코끼리 스무 마리를 고른 뒤, 근처 양조장으로 가서 가죽 말통을 빌렸습니다. 그러고는 그 길로 곧장 강으로 갔습니다. 물을 잔뜩 코끼리 등에 실어, 연못에 가서 부어 주었습니다.

그렇게 몇 번이고 그 일을 거듭하니, 연못에 다시 물이 가득 차 보기 좋게 출렁거렸습니다. 수천수만의 고기들은 기쁜 듯 물속에서 흰 배를 내놓고 이리저리 헤엄쳐 다녔습니다. 거사는 그 모습을 보고 매우 흡족해하였습니다. 또한 그는 합장하고, 물고기들에게 부처님 명호를 외우며 기도해 주었습니다. 이후 거사는 이 방생 공덕으로 큰 부자가 되었습니다.

석가모니 부처님께서는 이런 이야기를 쭉 하시면서, 말씀 끝에, 그 '유수 거사'가 자신의 전생(前生)이라고 하셨습니다.
」

이 『금광명경』의 얘기에서 힌트를 잡을 수 있듯이, 부처님께서는 전생부터 방생 공덕을 많이 지으셨습니다.

다음은 '불심 천자(佛心天子)'라고 널리 알려진 '양무제'가 그의 왕사(王師)였던 '지공스님'과 나누었던 문답(問答)의 내용입니다.

┌

양무제가 묻습니다.
"큰스님, 방생의 공덕은 어떠합니까?"

이에 지공스님이 대답하였습니다.
"황제시여, 그 방생 공덕은 매우 큽니다. 무릇 생명이 있는 것은 모두 불성(佛性)이 있으며, 성불(成佛)할 수 있습니다. 만일 자비심을 발하여, 재물(財物)을 들여 방생하면, 현생(現生)에서는 병을 없애고 수명이 늘어납니다.

황제시여, 방생은 천지간의 생명을 아끼고 사랑하는 덕(德)에 합치되며, 관세음보살님의 고난구제(苦難救濟)의 자비심이며, 중생을 널리 제도하는 일입니다. 방생하면, 병이 없고 고뇌가 없으며, 자손이 창성하고 가문이 행복할 것입니다.

황제시여, 방생하는 사람은 방생 되는 자로부터 감사의 은혜를 받게 되며, 현재의 선행(善行)은 미래 복의 원인이 되니, 그 결과가 마치 거울과 같이 밝습니다."

」

둘의 대화는 끝났습니다. 내용이 아주 깊습니다.

저 육조(六祖) 혜능대사(慧能大師)께서는 오조(五祖) 홍인대사(弘忍大師)로부터 법을 전수받은 뒤, 15년간 사냥꾼을 따라다니며 스스로 몸을 숨기던 시절에도, 덫이나 망에 걸린 동물들을 남몰래 풀어주었다는 이야기가 『육조단경(六祖壇經)』에 나오고 있습니다.

그렇다면 부처님을 비롯하여 위대한 선지식들이 왜 방생을 강조하셨으며, 실천하셨을까요? 생명력의 근원은 나와 남이 한바탕이기 때문입니다.

모든 생명들은 한 뿌리에서 나서, 각자의 업(業)대로 가지를 뻗고 잎을 달아 살아갑니다. 그 생명력의 뿌리로 계시는 분이 '관세음보살'입니다. 한편 관세음보살님이 '모습'으로 나타나실 때, '33관음'이 있습니다. 거기에는 부처님 모습 등 온갖 모습이 있습니다. 또한 이 우주 뭇 생명의 근원으로 계시는 '그 무엇'이 있습니다. 자식이 여럿 있으되 어머니가 한 분이듯이, 생명체가 헤아릴 수없이 많다지만 그 생명력의 근원은 딱 하나 있습니다. 그 '생명력의 근원'을 이름하여 '관세음보살'이라 하는 것입니다.

물고기 광주리를 들고 계시는 관세음보살님, 물고기 위에 서 계시는 관세음보살, 어람 관세음보살님은 그러한 '생명의 본질로 계시는 관세음보살님'을 구체적으로 표현하는 모습입니다.

시청자 여러분, 왜 관세음보살님을 '크게 성스러운 자비의 어머니', '대성자모(大聖慈母)'라 하는지 이해가 되시지요? 모든 생명은 관세음보살님의 큰 자비 아래에서는 다 똑같습니다. 우리가 간절히 관세음보살을 부르면, 우리는 생명의 근원으로 돌아갈 수 있습니다. 그곳이 곧 '성취의 자리'이며, '깨달음의 분상'입니다.

내 생명의 어버이, 관세음보살님을 놓치지 않는 불자 되시길 바랍니다. 그 행동 중의 하나가 곧 '放生(방생)'입니다.

예, 오늘은 어람 관세음보살님(魚籃觀音)에 대해서 말씀드렸습니다.

덧붙여, 공지사항을 말씀드립니다.

저희들이 운영하고 있는 〖감포도량〗, 〖B·U·D 山海 세계명상센터〗, 그 가운데 '해변 힐링 마을', '해룡 일출 大관음사' 라고 현판이 붙어 있습니다. 그 해변도량에서 다시 방생 법회를 재개할 계획입니다.

코로나가 터지기 전에는 '방생 법회'를 아주 활발하게 했었었는데, 그동안 코로나 때문에 하지 못했습니다. 다시 '음력 보름 달빛 방생'을 재개합니다.

2022년 12월 8일, 그러니까 음력으로 11월 보름입니다. '보름 달빛 방생'입니다. 밤 9시에 입재 해서 그다음 날 새벽까지, 방생도 하고 기도하는, 그런 법회입니다.

아무튼 보름 달빛 방생이 재개가 되고, 또 개인 방생을 원하는 분들도 개인적으로 방생도 하고 기도 축원을 받을 수가 있습니다. 따라서, 우리 〖해변 힐링 마을〗은 '방생 불공 기도 도량'이라 생각하시면 됩니다.

여기서는 매일 '방생 불공'을 합니다. 방생 하시고 싶은 분들은, 방생 공덕을 좀 많이 지어보시길 바랍니다. 인원이 그리 많지 않으면, 숙박도 가능합니다.

마지막으로 『5대 수행』입니다. [독송], [사경], [관세음보살 정근], [절 및 예배], 그리고 [참선]. 이 『5대 수행』은 제가 충분히 체험을 한, 그런 수행 과목들입니다. 그래서 제가 아주 자신 있게 권해 드리는 그런 내용들이니까, 이 5가지 수행을 부지런히 하셔서 큰 가피 입으시기를 바랍니다.

늘 건강하시고, 내일 다시 뵙겠습니다.

＊참고 : '방생'과 관련하여 여러 차례 법문해 주신 바가 있습니다. 참고하시길 바랍니다.
 (1) 2021. 07. 13.《생활법문》〈여덟 가지 작복인연(作福因緣) - 1편〉
 (2) 2022. 01. 24.《생활법문》〈방생(放生)에 대하여〉

보름 달빛 방생의
바다 별빛 명상

보름 달빛 방생 안내

유튜브불교대학 한국불교대학 大관음사에서는 매월 음력 보름 (15일)에 '보름 달빛 방생 법회'가 있습니다.

(1) 장소 : 해룡 일출 大관음사(B·U·D 山海 세계명상센터 해변 힐링마을)

(2) 시간 : 밤 9시, 용바위 앞에서 방생 법회. 이어서, 다음 날 새벽 4시까지 철야 기도(※ 우학 큰스님의 특별 법문도 있습니다.)

(3) 대구큰절은 저녁 7시 출발. 방생 법회 및 철야 기도 후, 다음 날 새벽 4시에 감포에서 출발(※ 도량 별로 출발 시간이 다르니, 각 도량으로 문의하시길 바랍니다.)

(4) 준비물 : 불교의식집, 개인 간식, 담요 등 추위 대비 용품들

(5) 문의 : 해룡일출 大관음사 (054) 745 - 9229
　　 대구큰절 (053) 474 - 8228　　 경산도량 (053) 816 - 8228
　　 칠곡도량 (053) 313 - 8228　　 구미도량 (054) 443 - 8228
　　 포항도량 (054) 727 - 8228　　 서울도량 (02) 963 - 8228

대구큰절 옥불보전
준제 관세음보살

위덕관음

威德觀音

위엄 있는 모습으로
중생들을 제도하시는 관세음보살님

관세음보살…

국내외 유튜브불교대학 시청자 여러분 반갑습니다.

우리 불자들 대부분의 정근 기도는 관세음보살을 부르는 '관음 정근 기도' 입니다. 그런데 관음 정근 기도를 하면서도 가피를 받지 못하는 이유 중의 하나는, 관세음보살님의 법력(法力)에 대한 확신이 부족하기 때문입니다. 그래서 저는 유튜브불교대학《생활법문》, 이 시간을 통해 '33관세음보살님의 원력(願力)과 역할' 에 대한 얘기를 아주 구체적으로 해 왔습니다. 많은 분들이 제 법문을 듣고 새로이 신심을 일으켜 관음 정근 기도에 열중한다는 글들을 주셨습니다. 참으로 감사드립니다.

드디어 '33관세음보살님', '삼삼 관세음보살님' 을 소개하는 마지막 시간입니다. 서른세 번째, 마지막 부처님은 '위덕(威德) 관세음보살' 입니다.

우리가 '33관세음보살' 이라 하면, 두 종류의 33관세음보살님이 계십니다. 하나는 우리가 지금까지 쭉 공부해온 것과 같이 '원력과 역할에 따른 33관세음보살님' 이 계시고, 다른 하나는 '모습에 따른 33관세음보살님' 이 계십니다. 이 '모습에 따른 33관세음보살님' 은 『법화경(法華經) 관세음보살보문품(觀世音菩薩普門品)』에 나오는

것으로서, 지금부터 제가 그 33가지 관세음보살 화신의 모습을 쭉
소개하겠습니다.

"(1) 부처님(佛)의 몸, 佛身(불신)

(2) 벽지불(辟支佛)의 몸 (3) 성문(聲聞)의 몸

(4) 범천왕(梵天王)의 몸 (5) 제석천왕(帝釋天王)의 몸

(6) 자재천(自在天)의 몸 (7) 대자재천(大自在天)의 몸

(8) 천대장군(天大將軍)의 몸 (9) 비사문(毘沙門)의 몸

(10) 소왕(小王)의 몸 (11) 장자(長者)의 몸 (12) 거사(居士)의 몸

(13) 관리(宰官)의 몸 (14) 바라문(婆羅門)의 몸

(15) 비구(比丘)의 몸 (16) 비구니(比丘尼)의 몸

(17) 우바새(優婆塞)의 몸 (18) 우바이(優婆夷)의 몸

(19) 장자 부인(長者 婦女)의 몸 (20) 거사 부인(居士 婦女)의 몸

(21) 관리 부인(宰官 婦女)의 몸 (22) 바라문 부인(婆羅門 婦女)
의 몸

(23) 소년(童男)의 몸 (24) 소녀(童女)의 몸

(25) 하늘 사람(天)의 몸 (26) 용(龍)의 몸 (27) 야차(夜叉)의 몸

(28) 건달바(乾闥婆)의 몸 (29) 아수라(阿修羅)의 몸

(30) 가루라(迦樓羅)의 몸 (31) 긴나라(緊那羅)의 몸

(32) 마후라가(摩睺羅伽)의 몸 (33) 집금강신(執金剛神)의 몸.”

이상, 33가지입니다.

여기서, 우리가 매우 유념해서 봐야 할 몸이 '부처님의 몸, 즉 佛身(불신)' 입니다. 관세음보살님은 보문시현(普門示現) 즉, 온갖 모습으로 나타나시는데, 그중 '부처님의 몸, 佛身(불신)으로 나투신다.' 는 것은 '관세음보살님이 곧 부처님이요, 부처님이 곧 관세음보살님이다.' 라는 말입니다. 관세음보살님을 찾고 외우는 우리 불자들은, '부처님과 관세음보살님이 둘이 아니다.' 라는 강한 신념을 갖고 있어야 합니다.

아무튼, 그러므로 우리가 관세음보살님의 행적(行蹟)을 살피려면, 석가모니 부처님의 행적을 살피면 됩니다. 위덕 관세음보살님(威德觀音)에 대해서도 그렇습니다.

'威德(위덕)' 이라 하면, '위엄 있는 덕' 을 말합니다. 이는 관세음보살님, 부처님은 무조건적으로 자비로우신 분이 아니라, 때로는 위엄을 나타내신다는 의미입니다. 중생들은 근기(根機)가 하열하고

업장(業障)은 두터워서, 중생을 제도함에 관세음보살님은 마냥 웃는 모습으로만 나타나시지는 않습니다.

관세음보살님과 관련한 대표적 경전(經典) 중 하나인 『천수경(千手經)』에 보면, '나무 십일면 관세음보살(南無 十一面 觀世音菩薩)' 이라는 대목이 나옵니다. '관세음보살님은 11가지 방편(方便)의 모습으로 중생들을 교화하신다.' 는 뜻이 이 '십일면(十一面)' 에 담겨 있습니다.

그런데 이 '십일면' 가운데 '위엄' 을 나타내는 모습이 6가지나 됩니다. 성내는 척하는 모습, 위노상(威怒相) 3가지, 이빨을 드러내며 무서운 표정을 짓는 모습, 백아상출상(白牙上出相) 3가지가 그것입니다.

그러면, 지금부터는 관세음보살님의 화현(化現)이신 석가모니 부처님의 위덕, 위엄스러운 덕에 대해 몇 가지 이야기를 해 드리겠습니다.

첫째, 부처님과 외사촌 관계였던 '팃사 스님' 의 얘기입니다.
팃사는 자기 수행을 하지 않고, 부처님을 팔고 다녔습니다. "나는 부처님과 친척이므로 그 누구의 말도 들을 필요가 없고, 그 누구로부터도 지시받을 이유가 없다." 이 소문을 들으신 부처님께서는 턋사를 불러 호되게 야단치셨습니다. 턋사 스님은 부처님으로부터 경책(警責)을 받은 이후, 새사람이 되었습니다.

둘째, 부처님의 아들 '라홀라' 의 얘기입니다.

라홀라 역시 아버지인 부처님 빽을 믿고, 대중들에게 버릇없는 행동을 하여 미움을 샀습니다. 부처님께서는 한번은 라홀라를 불러, 세면대야에 물을 떠오게 하셨습니다. 라홀라가 물을 떠 오자 부처님께서는 그 물에 당신 발을 씻으시고는, 라홀라더러 마시라고 다그치셨습니다. 그날 라홀라는 아주 혼이 났습니다. 부처님께서 자기를 그토록 야단치실 줄은 꿈에도 생각 못 했습니다. 아무튼, 그날 이후 라홀라는 여법한 수행자가 되었습니다.

셋째, '천안제일(天眼第一) 아나율' 의 얘기입니다.

부처님의 제자 아나율은 부처님의 설법 도중에 그만 자신도 모르게 쿨쿨 소리를 내며 잠에 빠졌습니다. 부처님께서는 옆 스님에게 아나율을 깨우게 하시고는, 그를 크게 나무라셨습니다. "너는 도대체 무엇 때문에 출가한 것이냐? 정신이 있는 게냐? 없는 게냐?" 그후, 아나율은 잠을 자지 않고 정진하다가 실명(失明)하고 말았습니다. 하지만 그는 깨달음을 이루고, 마음의 눈이 열려 '天眼(천안)' 을 얻게 되었습니다.

이상, 제가 간단간단하게 '석가모니 부처님의 위덕에 대한 예'를 들어 드렸습니다.

우리 부처님, 관세음보살님은 施慈施威(시자시위) 하시는 분입니다. 때로는 자비를, 때로는 위엄을 베푸십니다. 이는 현대 교육 방법에서도 꼭 필요합니다. 위덕 관세음보살! 지혜가 없고, 우둔하고, 반성할 줄 모르고, 업장 두텁고, 좋은 말로 안 통할 때는 '위덕 관세음보살님' 을 생각해야 합니다.

첫째, 자신이 그렇다면, 스스로 엄격한 기준을 만들어 '위엄의 틀' 속에 들어가야 합니다.

둘째, 자녀, 제자, 친구, 직원, 가족 등 가까운 인연들이 그렇다면, 잠시 마음은 좀 아플지라도 '위엄의 모습' 을 보여줘야 합니다.

여기서 한 가지 더 덧붙여 말씀드립니다.

내가 열심히 기도하느라고 하지만, 바라는 바가 잘 이루어지지 않는다면, '나에게 잘못이 많아서, 위덕 관세음보살님이 야단치고 혼내는 중이구나' 하고 생각하여, 더욱 부지런히 정진하셔야 합니다. 그러면 분명, 저 위에서 예를 든 팃사, 라훌라, 아나율처럼 크게

▶ B·U·D 山海 세계명상센터 해변절 5층에 계신 관세음보살님(대광 관세음보살)

성취하는 날이 올 것입니다.

관세음보살님은 우리 중생들의 근기에 따라 적당한 담금질을 하실 때가 있습니다. 그게 곧 위덕, 위엄스러운 덕입니다. 먼 후일 보면, 그 자체가 위덕 관세음보살님의 가피(加被)일 수 있습니다.

마지막으로, 유튜브불교대학 한국불교대학 大관음사에 계신 대표적인 '위덕 관세음보살님'을 소개해 드립니다. B·U·D 山海 세계 명상센터 해변힐링마을, 즉 해변절 '5층 큰법당 주불(主佛)'이 바로 '위덕 관세음보살'이십니다. 일부러라도 꼭 오셔서, 참배하시길 바랍니다. 중국 동북 삼성에서 출토된, 위엄 넘치는 고구려 부처님 이십니다.

이상, 33관세음보살님, 삽삼 관세음보살님에 대한 설명이 모두 다 끝났습니다. 하루에 한 개씩 다시 찾아 들으신다면, 신심이 새록새록 생겨나시지 않을까 생각합니다. 첫 번째 '양류 관세음보살님' 부터 마지막 이 '위덕 관세음보살님'까지, 서른세 분의 부처님 이야기를 차례로 꼭 한번 다시 들어보시길 권해 드리면서 마치겠습니다.

관세음보살….

＊참고 : 마지막으로, 참고하시면 좋을 법문들을 소개해 드립니다. 유튜브 채널, 〔유튜브불교대학〕에 들어가셔서 꼭 한번 찾아 들어보시길 바랍니다.

(1) 2021. 02. 22. 《생활법문》 〈관세음보살 수행 공덕과 가피〉

(2) 2021. 02. 23. 《생활법문》 〈관세음보살은 어려움에서 구해주신다.〉

(3) 2021. 03. 03. 《생활법문》 〈관세음보살 정근 요령〉

(4) 2021. 05. 18. 《생활법문》 〈왜 관세음보살을 불러야 하나?〉

(5) 2021. 10. 11. 《생활법문》 〈이런 뜻을 알고 기도해야 한다.〉

(6) 2021. 12. 13. 《생활법문》 〈'관음 정근' 할 때, 뜻을 알고 하시는가?〉

유튜브불교대학 멤버십 제도 안내

(1) 유튜브불교대학의 멤버십 제도는, 조계종 정식 인가(認可) 한국불교대학의 인터넷 과정입니다. 월 2,990원으로 유튜브불교대학 멤버십 회원이 되시면, 불교에 대해 좀 더 체계적으로 잘 배우실 수 있습니다.

(2) 처음 가입하시면, 교재를 무료로 보내드립니다. 단, 멤버십에 가입하신 후에는, 반드시 '교재 신청'을 따로 하셔야 합니다.

(3) 교재 신청 방법
〈①본인의 이름, ②주소, ③연락처, ④닉네임〉을,
〈010 - 6784 - 8828〉로 문자 남겨주시길 바랍니다.
그러면, 약 5만 원 상당의 교재를 무료로 보내드립니다.

(4) 멤버십 과정을 공부하신 뒤, 원하시면 한국불교대학에 2-3학년으로 편입도 가능합니다.

無一 우학 큰스님은 서기 2000년 연대(蓮臺) 산문(山門)을 열고
무일선원(無一禪院) 무문관(無門關)의 선원장으로
정진하고 계십니다.
스님의 주요 선(禪) 사상은 실참으로 선관쌍수(禪觀雙修)이며,
이론으로 오도체계(悟道體系)입니다.

삽삼(33) 관세음보살님 가피

초판3쇄발행 2023년 1월 25일(불기 2567년)

저자 / 無一 우학 큰스님
그림(33응신) / 山田 선생(故)
녹취 · 교정 · 편집 / 이원정(세지)
사진 / 불교인드라망 기자단(법계월, 은빛여우), BTN 엄창현 기자

펴낸곳
도서출판 좋은인연(한국불교대학 부속)
등록 / 제4-88호
주소 / 대구시 남구 중앙대로 126
전화 / 053.475.3707

가격 18,000원
ISBN 979-11-92276-07-6 (03220)

대한불교조계종 한국불교대학 大관음사
홈페이지 / 한국불교대학
다음카페 / 불교인드라망
유튜브 / 유튜브불교대학
유튜브 / 비유디